여성 쓰기 *Writing a Woman's Life*
: 우리는 텍스트를 통해 우리의 삶을 살아간다

Writing Woman's Life

Copyright @ 1988 by Carolyn G. Heilbrun
All rights reserved.

This Korean edition was published by MATI PUBLISHUNG CO. in 2025
by arrangement with W. W. Norton & Company through KCC(Korea Copyright Center Inc.)
Seoul.

이 책은 ㈜한국저작권센터(KCC)를 통한 저작권사의 독점계약으로 마티에서
출간되었습니다. 저작권법에 의해 한국 내에서 보호를 받는 저작물이므로 무단 전재와
복제를 금합니다.

(⊚)⁷

여성 쓰기 *Writing a Woman's Life*
: 우리는 텍스트를 통해 우리의 삶을 살아간다

캐럴린 G. 하일브런 지음 / 오수원 옮김

마티

일러두기

미주는 '옮긴이 주'라고 별도 표기된 것 외에는 모두 저자의 원주이다.

추천사

"여성들에게 전통적 태도를 벗고 새로운 운명을 개척하라고 요구하는 명쾌한 메시지. 하일브런은, 남성을 자기 삶의 중심으로 두지 않는 여성들, 혼자 살아가거나 더 젊고 덜 성공한 짝과 사는 등 새로운 삶의 서사를 찾아 모험을 마다하지 않는 선구적 여성들, 공적 영역에서 영향력을 발휘하고 싶어 하는 여성들, 남성들처럼 '탐험의 서사'를 살고 싶어 하는 여성들을 칭송한다. 하일브런은 반문한다. 왜 남자들만 온갖 즐거움을 누려야 하나?"

··· 『뉴우먼』 New Woman

"잠재된 힘이 넘치는 책. 하일브런은 자신과 다른 여성들의 삶을 희망찬 서사로, 현재와 미래 세대가 의지할 수 있는 훌륭한 본보기로 탈바꿈시켰다."

··· 『보스턴 피닉스』 The Boston Phoenix

"빼곡한 통찰과 지혜. 우리 모두가 삶에서 열망하는 것들에 대한 활력과 품격을 갖춘 신랄한 지침. 혼자 읽는 것으로는 충분치 않다, 모여 읽으면 금상첨화. 이 책을 읽으면 대화와 토론, 논쟁에서도 필승이다."

··· 『필라델피아 인콰이어러』 Philadelphia Inquirer

"작가라면 서재에 꼭 비치해야 할 도발적인 연구서."

··· 『워싱턴 포스트』 Washington Post

"이 예리하고 도발적인 책이 25년 전에만 나왔더라도 내 친구들과 내가 이토록이나 비통하지 않을 수 있었을 것이다. 잘 읽히고 흥미진진하며 강렬하다. 페미니즘 이론에 대한 상세한 설명과 독립적이고 야심만만한 여성들의 생생한 삶을 꼼꼼히 직조해낸 수작. 모든 여성이 21세가 되기 전에 반드시 읽어야 할 필독서가 되어 마땅하다."
… 『뉴욕 타임스 북 리뷰』*The New York Times Book Review*

"품격과 지성과 간결함을 갖추었다. 넓은 분야를 아우르면서 깊다. 독자의 호기심을 자극하는 동시에 인물 평전의 진정성을 읽어내는 법까지 가르쳐준다. 실화 서사의 중요성, 특히 실화 서사의 언어가 개인의 삶 전체와 잘 맞을 때 실화를 이야기하는 것이 얼마나 중요한지 가르치는 동시에 확증한다."
… 『블룸스버리 리뷰』*The Bloomsbury Review*

"이 간결한 에세이 모음집은 술술 읽히므로 그 심오함을 과소평가하기 쉽다. 중년이 되어가는 수백 만 여성들이 더 긍정적 이미지를 탐색하도록 영감을 줄 훌륭한 선택."
… 『북리스트』*Booklist*

"큰 기쁨을 주는 책. 하일브런은 금지된 주제를 거리낌 없이 직설적으로 펼쳐낸다. 명민하고 기억에 박히는 명저."
… 『위민스 리뷰 오브 북스』*The Women's Review of Books*

"평전이나 비평의 페미니즘 방법론을 공식화하려는 대부분의 시도를 뛰어넘는 명저. 강렬한 제안!"
··· 『커커스 리뷰』Kirkus Reviews

"개인 서사와 페미니즘을 접목한 폭넓은 연구 에세이로, 가부장 문화가 여성 생애의 경계를 설정했을 뿐 아니라 여성 이야기의 한계까지 규정했다고 주장한다. 이 책에서 영감을 받은 독자들이 여성 삶의 온전한 진실을 쓰게 되거나 (여성이건 남성이건) 타인들이 쓰지 않은 삶을 살게 된다면 변화를 이끌어내는 이 책의 역량이 논란의 여지없이 증명될 것이다."
··· 『샌프란시스코 크로니클』San Francisco Chronicle

차례

감사의 말 11
서론: 여성은 어떻게 쓰이는가 13

1. 결혼과 자살 외에 여성의 서사를 발굴하기 41
2. 모델도 모험도 없던 그녀는 오직 지성에 의지했다 61
3. 아버지를 죽이는 딸 79
4. 결혼을 다시 정의할 수 있을까? 아니, 그럴 필요가 있을까? 101
5. 친밀함의 역사, 우정의 연대기 131
6. 여성의 공적 자아가 지닌 힘 149
7. 인기 없는 진취적인 늙은 여성 171

주 185
참고문헌 192
찾아보기 198

감사의 말

'참고문헌'에서 언급한 저작을 쓴 비평가와 작가, 그리고 참고문헌에 미처 언급하지 못한 다른 페미니즘 연구자 들에게 큰 신세를 졌다. 1986년 가을, 여성의 전기와 자서전을 주제로 컬럼비아 대학교에서 열었던 세미나에 용기를 내 참여해준 대학원생들에게도 감사한다. 그들에게 많은 것을 배웠다. 특히 수전 히스Susan Heath와 수벤디 퍼레라Suvendi Perera에게 고마움을 전한다.

1983년부터 1984년까지 이 책 작업을 위해 강의를 쉴 수 있도록 독립연구펠로십을 제공해준 국립인문재단National Endowment for the Humanities 측에 감사한다.

수전 스탠퍼드 프리드먼Susan Stanford Friedman과 데이비드 하다스David Hadas는 내게 당장 필요한 지혜를 주었다. 톰 F. 드라이버Tom F. Driver는 전체 원고를 통독해주고 내 생각에 대해 의견을 주었다. 늘 그랬듯 이 책을 쓸 때도 톰은 나를 지지해주었을 뿐 아니라 내 생각을 고쳐주었다. 낸시 K. 밀러Nancy K. Miller에게 이 책을 드린다. 책을 쓰는 내내 나의 동료이자 벗, 훌륭한 조력자가 되어주었다.

남편 제임스 하일브런James Heilbrun은 긴 시간 이 책과 씨름하는 나와 살아주었다. 제임스야말로 남편에게 요구되는 전통적 역할 이상으로 나와 내 책에 관심을 기울여준 은인이다. 특별히 감사한다.

서론

여성은 어떻게 쓰이는가

| 관습에 얽매이지 않는 삶을 글을 써서 정당화하는 것, 그것은
| 최초의 침범을 되새기는 것, 남성의 영역을 다시금 침범하는
| 일이다.

··· 낸시 K. 밀러

여성의 삶을 글로 쓰는 방법은 네 가지다. 첫째, 자신의 생애를
직접 말하는 자서전, 둘째, 허구로 구성하는 소설이라는 형식,
셋째, 여성이나 남성 전기 작가가 전기의 형식으로 쓰는 것, 넷째,
여성이 자신의 삶에 관해 쓰되, 삶을 다 살아보기 전에 미리,
무의식적으로, 그리고 쓰는 과정을 인식하거나 명명조차 못한 채
쓰는 것이다. 나는 이 책에서 이 넷 중 세 가지를 살펴보려 한다.
많은 여성작가들이 자기 삶을 소재로 쓴 소설은 가급적 분석하지
않을 작정이다. 여성 소설의 이야기는 전통적이든 전복적이든
최근 몇 년 동안 신세대 문학 비평가들이 아주 탁월하고 정교하게
검토해왔기 때문이다. 게다가 이 페미니즘 비평가들의 작업은
예리하고 설득력도 강해, 문화의 젠더 구조를 소설로 재현한
작품을 제대로 읽고 싶은 사람들이라면 다루는 주제가 차이가
됐든, 억압이나 가능성이 됐든, 광범위하고 강력한 비평을 살필
시간만 낸다면 얼마든지 찾아볼 수 있기 때문이다.

반면 여성들의 실제 삶은 얘기가 다르다. 물론, 최근 몇 년간 여성을 다룬 무수한 전기가 등장했고 그중 많은 전기는 문학 비평가, 심리학자, 그리고 역사가 들이 발전시킨 새로운 페미니즘 이론을 활용했다. 1984년, 나는 『뉴욕 타임스 북 리뷰』에 1970년 이후 내 서재에 여성을 다룬 평전이 73권 늘었다고 썼다. 지금 그 숫자는 분명 두 배가 됐고 아직 구해보지 못한 여성 평전도 헤아릴 수 없다. 1984년에 나는 자의적이긴 하지만 1970년을 여성 전기에 관한 새 시대의 원년으로 꼽았다. 낸시 밀퍼드Nancy Milford의 『젤다』Zelda가 출간된 해였기 때문이다. 『젤다』는 스콧 피츠제럴드F. Scott Fitzgerald가 아내 젤다의 삶을 자신의 예술적 재산으로 여기며, 자신에게 소유권이 있다고 생각했다는 점을 폭로했다는 데 무엇보다 큰 의의가 있다. 젤다는 이름 없는 존재가 되어, 마크 쇼러Mark Schorer의 표현대로 돌이킬 수 없는 익명성에 갇힌 채 미쳐갔고 결국 서사 없는 존재가 되었다. 우리는 이름 없이 살아가는 익명성의 상태가 여성의 타당한 존재 조건이라고 오랫동안 믿어왔다. 1970년이나 되어서야 우리는 젤다가 피츠제럴드를 망친 게 아니라 피츠제럴드가 젤다를 망쳤다는 사실을 읽을 채비를 갖추게 되었다. 피츠제럴드는 젤다의 서사를 강탈했다.

역시 자의적이나, 나는 현대 여성 자서전의 전환점을 1973년으로 잡고 싶다. 전환을 만든 변화는 미국 시인이자 소설가, 회고록 작가인 메이 사튼May Sarton에게서 가장 뚜렷이 보인다. 1968년에 출간된 사튼의 『깊은 꿈을 꾸는 식물』Plant Dreaming Deep은 집을 사서 홀로 살아가는 본인의 모험을 다룬 아름답고 비범한 기록이지만, 결과적으로 이 책에 대해 사튼은 낙담했다. 자기 삶의 분노나 뜨거운 고군분투 혹은 절망이 책에 전혀 드러나지

않았다는 것을 깨달았기 때문이다. 사튼이 자신의 고통을
의도적으로 은폐하려 했던 건 아니다. 여성 자서전이라는 옛
장르로 쓰다 보니 그렇게 되었을 뿐이다. 종래의 여성 자서전은
고통 속에서도 아름다움을 발견하고 분노를 정신적 포용으로
탈바꿈시키는 경향을 보이기 때문이다. 훗날 사튼은 자신을
본받고자 하는 독자들이 희망 가득한 눈으로 이상화된 삶을
읽는다는 사실을 알게 되었고, 자신이 분노와 고통을 도외시하다
의도치 않게 정직하지 못했음을 깨달았다. 사튼의 이런 인식은
시대가 변화한 덕분이었다. 그 후 1973년에 출간한 일기 형식의
에세이 『혼자 산다는 것』Journal of a Solitude에서 사튼은 이전에
숨겼던 수년간의 고통을 일부러 꺼내놓기 시작했다. 이런 이유로
『혼자 산다는 것』을 여성 자서전의 분수령으로 꼽는다.

다시 말해 1973년을 분수령으로 본 이유는 그 이전까지 솔직한
자서전이 쓰이지 않아서가 아니라, 사튼이 자신의 분노에 대한
기록을 서사로 다시 창조해냈기 때문이다. 여성들에게 강요된
금기 중 가장 큰 금기는 분노하는 것, 그리고 자기 삶을 자율적으로
통제하고 싶은 욕망을 숨김없이 인정하는 것이었다(불가피하지만
이런 욕망을 인정한다는 것은 타인의 삶에도 일정 정도의 힘과
통제력을 발휘하게 된다는 뜻이기도 하다). 사튼보다 일찍
태어난 여성들은 이런 분수령을 기념하지도 못했고 감히 주목할
기회조차 누리지 못했다. 최근 몇 년간, 유도라 웰티Eudora Welty가
1983년에 쓴 『작가의 시작』One Writer's Beginnings보다 더 많은 찬사와
사랑을 받은 회고록은 없다. 하지만 나는 웰티의 회고록 같은 책은
여성들에게 좋지 않은 영향을 끼칠 위험이 있다고 본다. 작가뿐
아니라 이런 책을 읽는 독자가 빠져들기 쉬운 향수와 낭만화의
위험 때문이다. 버지니아 울프Virginia Woolf는 "정직한 자서전을 쓴

여성은 아직까지 극소수다"라고 말한 바 있다.
유도라 웰티가 제인 오스틴Jane Austen에 대해 쓴 내용을 살펴보자.

> 오스틴의 소설이 오늘날 우리에게 더할 나위 없는 즐거움을 주는
> 이유는 작가와 독자 사이에 신뢰가 있다고 당연시하는 소설의
> 천연덕스러운 태도 때문인 면이 분명 있다. 우리가 기억하는
> 바대로 젊은 시절의 제인은 자기가 쓴 소설을 가족들에게 큰
> 소리로 읽어주고 가족들은 각자의 의견을 적극적이고 활기차게
> 표명했다. 오스틴은 자신의 직감 못지않게 가족들의 예리한
> 직관, 행동에 대한 노련한 판단, 그리고 등장인물에 대한 열렬한
> 애정에 의지했다. 그녀의 소설들은 이렇듯 즐거움을 공유한 덕에
> 여전히 생기를 발한다. 이 젊은 작가는 자신의 글이 이해받고
> 수용되리라는 따뜻한 확신을 처음부터 누렸다. 오스틴의 모든
> 작품이 입증하듯 그녀가 살았던 시대, 그녀가 살았던 물리적
> 장소와 사회적 지위는 그녀가 여성이라는 사실 못지않게
> 의심이나 논란의 여지없이 확고했다. 그녀는 완벽하게 견고하고
> 단단한 토대 위에서 글을 썼으며 작품은 전적으로 긍정적이다.
> … 제인 오스틴은 나면서부터 많은 것을 알고 있었다. 무엇보다
> 인생의 흥미로운 상황들이 집 안에서 벌어질 수 있으며 실제로도
> 그렇다는 사실을 말이다. 오스틴이 보기에 시골 목사관은 위험한
> 대치와 결정적 충돌을 마련해줄 수 있는 아주 편리한 무대였다.[1]

1969년 제인 오스틴에 대해 위와 같이 썼던 유도라 웰티는
1983년에는 『작가의 시작』을 썼다. 그러나 웰티가 묘사하는 제인
오스틴은 나나 다른 많은 이들이 오늘날 읽는 제인 오스틴과는
전혀 다르다. 운 좋게 타고난 제인 오스틴의 재능에 자양분을

제공하는 완벽한 가족에 대한 저런 설명을 믿는 이들은 요즘
거의 없다. 『작가의 시작』에 담긴 달콤 씁쓸한 어조 역시 나는
신뢰하지 않는다. 그뿐 아니라 이 책에서 묘사된 대로의 유도라
웰티가 최근까지 우리가 칭송하게 된 단편과 장편소설을 썼으리라
생각지도 않는다. 오스틴과 마찬가지로 웰티의 작품이 오랫동안
읽혀온 이유는 웰티가 기존의 가치를 재확인하고 주어진 것을
온순하게 수용하는 태도를 보여주었기 때문이다. 웰티는 더
소박한 가치가 널리 수용되는 더 단순한 세계를 상징하는 화신
같은 존재로 읽힌 것이다. 물론 이런 해석은 오스틴과 웰티 두
작가 모두를 오독하는 것이다. 하지만 우리와 동시대를 살았던
웰티는 자신을 위장했다. 윌라 캐더Willa Cather처럼, T. S. 엘리엇T. S.
Eliot의 미망인처럼, 웰티는 자신의 삶에 끼어드는 손길을 가급적
피하고 싶어 한다. 그녀에게 이는 자신이 자랑스러워한 미시시피
숙녀에게 어울리는 유일한 행동이었다.

『파리 리뷰』*Paris Review*에서 웰티와 인터뷰했던 기자가 주목한
대로, 웰티는 "극도로 사생활을 중시하기 때문에 자신이나
친구들에 대한 사적 질문에는 전혀 답하지 않는다."[2] 마이클
크레일링Michael Kreyling은 웰티가 신의와 감사를 중시하며, "**관용과
공감을 충분히 내보이지 않고**"[3] 작가들에게 접근하는 비평가들을
탐탁지 않게 여긴다고 전했다. 자서전을 솔직하게 쓰는 일은 분명
신의와 사생활에 대한 그녀의 욕망 전부를 거스르는 일이었을
것이다.

그렇다면 유도라 웰티가 자신에게 허락된 유일한 방식으로
자서전을 썼다고, 그녀를 비판해야 할 이유가 있을까? 있다면
무엇일까? 내가 알고 들은 바로 웰티는 상상할 수 있는 가장
관대하고 점잖은 사람이다. 그렇다면 난 이 좋은 사람에게 대체

무엇을 원하는가? 오히려 우리 모두 유도라 웰티를 닮는 편이 삶을 더 바람직하게 만드는 길이 아닐까?

그럴지도 모른다. 하지만 우리는 웰티가 아니며, 그렇기 때문에 이야기 작가로서 그녀가 지닌 천재성만이 과거를 그리워하는 작가의 향수로부터 작가 자신과 우리까지를 구출해낼 수 있다. 그러나 동시에 그녀가 온갖 매력과 우아함으로 표현한 그 향수야말로 이 자서전을 만들어냈고, 웰티 같은 천재성도 보상도 누리지 못한 여성들을 오랜 세월 가둬왔다. 과거에 대한 동경, 특히 어린 시절을 향한 향수는 여성들이 미처 깨닫지 못한 분노를 숨기는 가면이 되기 십상이다.

분노를 표출하거나 내면에서 인식하는 것조차 허락받지 못한다는 것은 조금만 더 확장하면 힘과 통제권까지 거부당한다는 뜻이다. 버지니아 울프의 『3기니』Three Guineas는 분노, 다시 말해 그 끔찍한 "어조" 때문에 출간 당시 어디서나 비난받았던 페미니즘 에세이의 실례다. 브렌다 실버Brenda Silver는 이런 반응에 대해 쓰면서 질문을 던진다. "자신이 속한 문화를 향해 페미니즘 관점에서 불만을 제기하거나 비판하는 글을 쓰는 여성에게 '자연스럽거나' '적절한' 어조란 대체 무엇인가?"[4] 매리 푸비Mary Poovey는 19세기 중반 캐럴라인 노턴Caroline Norton이 이혼과 자녀 양육 관련 법을 바꾸는 투쟁에서 적절한 언어나 형식 때문에 어려움을 겪었다는 점을 지적했다.[5] 여성들은 분노를 금지당했기 때문에 불만을 공개적으로 제기할 목소리를 찾을 수 없었다. 이들은 우울증이나 광기로 피신했다. 매리 엘먼Mary Ellmann의 지적대로 "여성들에게 적용된 가장 일관된 비평 기준은 **땍땍거림**shrillness이다.[6] 여성이 쓴 어떤 글은 **땍땍거린다고** 비난받거나 다른 글은 **땍땍거리지 않아 좋다며** 칭찬받는다.

여성의 글을 평가할 때 즐겨 쓰이는 또 한 가지 표현은 익히 아는 **거슬린다**strident는 것이다.

요즘 같으면 따로 덧붙일 것 없이 그저 "페미니스트"라고 말하면 그만일 것이다. 미치코 가쿠타니Michiko Kakutani는 『뉴욕 타임스』에 비키 골드버그Vicki Goldberg가 쓴 마거릿 버크화이트Margaret Bourke-White의 전기에 대한 서평을 쓰면서, 버크화이트가 사진가라는 직업상 "여자다운 행동에 대한 관습적 기대를 모조리 어길 수밖에 없었을 것"이라고 지적한다. 그러나 가쿠타니는 이렇게 덧붙인다. "전기 작가 골드버그는 페미니즘 이데올로기라는 렌즈를 통해 버크화이트를 보려 했을 뿐 아니라, 사진작가 버크화이트가 직접 겪은 갈등을 분별력 있게 검토한다." 여기서 "페미니즘 이데올로기"라는 표현은 틀림없이 가쿠타니가 "땍땍거림"과 "거슬림" 대신 쓴 것이다. 나는 "페미니즘 이데올로기"라는 말에 대해 골똘히 생각했고, 무슨 뜻으로 이 말을 썼는지 물어보려 가쿠타니에게 편지를 쓸 생각까지 했다. 오랜 세월 이 말을 정의해보려 나름대로 애를 썼다. 한 가지만큼은 명확하다. 그런 렌즈가 존재한다면 골드버그가 탁월한 평전에서 바로 그 렌즈를 사용했다는 것. "페미니즘 이데올로기"라는 말은, 여성의 삶에서 낸시 밀러가 주목한 대로 "냉랭한 지적 삶이 아니라 열정적인"[7] 지적 삶을 이해하기 위한 또 다른 표현이다.

여성들을 땍땍거리고 거슬린다고 폄하하는 것은 여성에게 가능한 어떠한 권리도 부정하는 또 하나의 방식이다. 불행히도 권력이란, 남성에게 허용된 삶과 여성에게 허용된 삶 간의 커다란 차이를 인식하는 순간, 그리고 남성의 권위와 지위를 유지하는 데 필요한 폭력이 남성들에게 있다는 것을 인식하는 순간, 여성이 포기해버리는 무엇이다. 권력이 합리적인 토론 주제라는 내 말을 듣고 학생들이 수업에서 나간 적이 있다. 권력과 통제 개념 때문에 이상주의적 여성상을 지닌 여성들이 불편해질 수 있다. 하지만 이를 인정하지 않은 채 억압받는 이들의 세상과 조건을 바꿀 수 있다고 믿는다면 그건 스스로를 기만하는 짓이다. 아이러니하게도 권력을 획득한 여성들은 늘 권력을 행사해왔던 남성들보다 권력을 지녔다는 이유로 욕을 더 먹는다. 영국의 언어학자 데버라 캐머런Deborah Cameron의 신랄한 통찰처럼, 남성은 자신의 권력을 방어하면서 "남자의 활동을 따라 하다 더 이상 여자가 아니게 돼버린 여자보다 우스꽝스러운 것은 없다는 평가를 내린다. 이런 식의 평가는 여성의 발언과 글뿐 아니라 외모, 종사하는 일, 성적인 행동, 여가 활동, 여성이 원하는 지적 활동 등을 표적 삼아 **끝도 없이 이어진다**. 성별 구분은 가능한 모든 수단을 동원해 엄격히 지켜야 한다. 여성이 애매모호하지 않은 여성일 때만 남성은 남성일 수 있기 때문이다."[8]

인생에서 성취를 이룬 여성들은 무의식적으로 미래의 삶을 쓰건, 최근처럼 과거의 삶을 진솔하게 쓰려 하건 간에 권력과 통제에 직면해야 했다. 권력과 통제를 다루면 여자답지 못하다는 낙인이 찍혔기 때문에, 그리고 실제로 많은 여성들이 눈에 띄는 권력이나 통제 없는 세계를 선호했기(혹은 선호한다고 생각했기) 때문에, 여성은 자신의 삶에 힘을 행사할 수 있는, 즉 자기 삶의 주도권을 쥘 수 있게 해줄 이야기나 텍스트, 플롯 혹은 역할 모델을 박탈당했다. 사실 여성운동은 권력, 무력함, 그리고 성 정치에 대한 논의에서 출발했다. 하지만 여성다움의 성격을 탐색하는 작업은 이제 남성의 권력과 여성의 무력함만 대비시켜 분석하고 살피는 지점을 벗어났다. 마이라 젤렌Myra Jehlen의 지적대로, 여성의 무력함을 다루는 역사에서 "여성의 자율성 전통"을 찾으려는 시도에 도사린 위험은, "이러한 비전을 구체화하려고 노력"하는 와중에, 묘사되는 것이 "실제 독립이 아니라 의존에도 불구하고 행동하는 것, 그러니까 자기 정의된 여성 문화가 아니라 억압에서 태어나 위축되거나 종종 치명적인 대가를 치르며 승리한 하위 문화"[9]라는 것을 발견하게 된다는 점이다. 젤렌이 확신하듯, 잔혹한 진실은 "여성은 누구나 창조하기 위해 파괴부터 해야 한다는 것"이다.[10] "어떤 여성도 자신을 아직 창조하지 못했기 때문에 온전한 자신일 수 없다. 사회가 정의하는 여성 개념을 수용하는 센티멘털리스트 여성들은 이러한 창조를 하지 못했다."[11] 젤렌은 여성들이 인정하고 옹호하기 가장 어려워하는 사실을 지적했다. 여성이 자아를 찾고, 자신만의 이야기를 할 권리를 획득하려면 "공적 영역에서 활동할 수 있는 능력"[12]이 꼭 필요하다는 것이다.

페미니스트들은 사적인 것이 공적인 것이라는 진실을 일찍이 발견했지만, 여성의 힘과 주도권 행사, 그리고 이때 불가피한 분노를 인정하고 표현하는 것은 최근까지 용인되지 않았다. 그러나 내가 이 책에서 다루고자 하는 논점들, 예컨대 "'여자답지 않은' 야망, 결혼, 여성들의 우정 및 여성들에 대한 사랑, 노화, 여성의 어린 시절" 같은 논점은 **공적** 권력과 주도권을 향한 운동의 관점을 통해서만 정확히 이해할 수 있다. 여성들은 공적 권력에 대한 권리를 공개적으로 공표하는 법을 배워야 한다.

권력의 진정한 재현은 강한 남성이 더 작고 약한 남성이나 여성을 때려눕히는 모습이 아니다. 권력은 행동에 꼭 필요한 담론의 장이라면 어디건 유의미하게 참여하는 능력, 그리고 자신의 발언을 중요한 목소리로 인정받을 권리다. 국방이건, 결혼이건, 우정이건, 정치건 다 마찬가지다.

이 책에서 나는 여성들의 삶이 형성되어온 양상을 살피고, 어떻게 해야 여성들의 픽션 바깥에선 보이지 않았던 사건들, 결정들, 관계들을 명료하고 공개적으로 드러내는 방식으로 이들의 삶을 쓸 수 있을지 탐색하고 싶다. 샌드라 길버트Sandra Gilbert와 수전 구바Susan Gubar의 말대로 문학 비평가들이 "여성 자신의 고유한 이야기에 대한 탐색"[13]은 이미 밝혔기 때문이다. 여기서 내가 하려는 작업은 전기 작가로, 자서전 작가로, 혹은 여성 자신의 모습으로 새 삶을 살아가길 기대하는 여성으로, 여성의 삶을 새로 쓰는 방식을 제시하는 것이다.

이것은 페미니즘적 작업이다. 내게 페미니즘이란 낸시 밀러의 말을 빌리자면 "여성의 정체성에 대한 자의식을, 계승받은 문화적 사실이자 사회 구성의 과정으로 표명하고", "사회에서 통용되는 여성되기라는 허구에 저항하려는" 소망이다. 밀러의 말처럼, 여성의 삶은 여성의 글쓰기와 마찬가지로 "문학에 대한 그럴싸한 통념들과 언제 깨질지 모르는 취약한 관계"를 맺고 있다. 여성들이 뜻하거나 원하면 안 된다고 늘 주입받아온 것들을 뜻하거나 원해도 된다고 생각하기란 쉽지 않다. 밀러는 "여성들의 글을 읽어내지 못하는 사태에는 겉보기와 다른 이론적 함의들이 있다는 점"을 밝혔다. 여성의 삶을 읽는 일도 마찬가지다. 고전—여기서 고전이란 남성의 운명에서 사건으로 다루어지는 여성들의 삶이나 남성의 삶을 다룬 텍스트다—을 읽을 때는 "여러 세대의 비평 활동을 거쳐 세심하게 다듬어진 **해석의 틀**"이 늘 곁에 있다. 반면 여성의 삶을 읽으려면, 그 흔한 "비평의 구조"나 전기 정보가 없다는 점을 감안해야 한다.[14] 여성의 삶을 해석하는 작업은 처음부터 다 새로 만들거나 발굴하거나 다시 말해야만 한다.

나의 부모 세대는 에드워드 피츠제럴드Edward FitzGerald가 번역한

오마르 하이얌Omar Khayyám의 『루바이야트』Rubáiyát를 읽으며 성장했고, 나 역시 그랬다. 필연과 지혜라는 씁쓸하고도 달콤한 맛을 풍기는 이 시는 젊은 시절 나를 사로잡았다. 자주 인용되는 시구는 다음과 같다.

> 움직이는 손가락이 뭔가 쓴다. 쓴 다음엔
> 다시 움직인다. 우리의 온갖 믿음과 지혜를 동원해도
> 움직이는 손가락을 유혹해 쓰인 어구를 반조차 지우지 못한다.
> 그대가 온통 눈물을 쏟아도 낱말 하나 씻어내지 못한다.

옛날에는 이 구절이 명백히 진실로 보였다. 그러나 최소한 여성들의 삶에 관한 한 틀린 말이다. 써 놓은 말이지만 지울 수도 씻어낼 수도 있다. 움직이는 손가락이 써놓은 것들은 온통 오독되었을 수 있다. 나는 오독이 실제로 자행되어왔으며, 움직이는 손가락을 되돌려 기존 내용을 지우도록 부추길 수 있는 믿음과 지혜를 빼앗겼다는 여성들의 생각이 틀렸다고 생각한다.

지난 20년간 페미니즘 비평과 연구와 이론은 내가 가장 희망에 들떠 있던 시기에도 상상 못 했을 만큼 약진했다. 그럼에도 오늘날 나는 심히 걱정스럽다. 페미니즘이 발전시킨 중요한 새 아이디어들이 일반 여성들, 자신의 삶을 다시 말하고 다시 대면할 필요를 의식하거나 하지 못하는 일반 대중 여성들에게 전달되고 있는지 확신하지 못하기 때문이다. 페미니즘 연구자들과 이론가들 사이에서 점증하는 분열도 걱정이다. 이런 분열, 이론과 접근법과 방법론을 둘러싼 논쟁들은 그 자체론 위험하지도 않고 예상하지 못한 것도 아니다. 새로운 지식 분야는 늘 이러한 차이를 발전시킨다. 차이는 심지어 지식 진보에 꼭 필요하다. 남성들이

단 한 번도 이룬 적조차 없는 통일을 여성 학자들이 유지하지 못한다고 비난하려는 뜻은 전혀 없다. 게다가 그런 비난은 학문의 융성이나 지식의 재구성에 하등 도움이 되지 않는다.

그럼에도 불구하고 정말 우려스러운 것은, 연구자들이 가부장 텍스트를 다시 쓰는 과정에서 자기 학문 논의의 복잡한 갈래와 결과에 매몰되어, 새로 개발된 지적 틀의 도움으로 다시 써야 하는 삶을 직접 살아왔던 여성들에게 닿지 못할 위험이 있다는 것이다. 지성주의에 불만을 제기하려는 건 아니다. 지적, 이론적 토대 없이 성공할 수 있는 운동은 없다. 오히려 페미니즘이 과거의 운동에서 스스로를 지키지 못했던 이유는 근간 노릇을 해줄 이론적 담론이 없었기 때문이다. 그러나 이론과 학문을 세련되게 다듬느라 정작 그 학문적 결실의 혜택을 받아야 할 여성들의 삶을 간과할 위험이 있다.

이런 이유로 나는 내가 분석하고 즐기도록 훈련받은 텍스트 대신 여성들의 삶에 관해 쓰는 편을 택했다. 이 결정에는 이론가들에겐 따분함만 안기고 일반 독자들의 관심은 끌지 못해 양쪽 독자를 모두 잃을 커다란 위험이 따르지만, 감수하려 한다. 설사 그렇다 하더라도 그 실패는 최소한 내 의식적 선택, 앞으로 논의할 내용에 내재된 위험과 도전과 활력, 그 대가가 실패할 위험이라는 것까지 충분히 알고 내린 선택의 결과다(그런 앎이 가능한 한에서 말이다).

언제나 여성의 이상적인 운명이라고 여겨져온 안전과 종결은, 모험과 탐험 속 인생이 아니다. 안전과 종결(그리고 폐쇄)은 샬럿의 여인 Lady Of Shalott[15]이 보는 거울과 같다. 삶을 직접 체험하지 못하도록 막기 때문이다. 언젠가 피터 윔지 경 Lord Peter Wimsey[16]은 기사도 법칙의 9할은 온갖 재미를 보려는 욕망이라고 말한 바 있다. 가부장제에도 그대로 적용할 수 있는 말이다.

"남성은 여성이 애매모호하지 않은 여성일 때만 남성일 수 있다." 데버라 캐머런이 쓴 말이다. 여성이라는 것은 명확히 무슨 뜻일까? 남성을 삶에 중심에 놓고 남성의 중심 지위를 존중하는 것만 여성에게 허용한다는 뜻이다. 이따금씩 여성들은 남성의 자리에 신이나 그리스도를 올려놓았다. 결과는 같다. 여성 자신의 욕망과 탐색은 늘 부차적이라는 점에서다. 짧은 구애의 기간 동안, 자신을 내주지 않음으로써 여성들이 중심에 있다는 환상이 유지된다. 여성들은 이 찰나에 각광받는 주인공이 되며, 이 순간이야말로 무수한 재현을 통해 가장 지속적으로 생생히 재현되는 여성의 삶이다. 각광의 목적은 여성이 평생 주변에 머무는 삶을 수용하도록 독려하는 것이다. 구애 자체도 십중팔구 착각이다. 현실의 여성은 남성을 함정에 빠뜨릴 때만 그나마 중심 자리를 차지할 수 있다. 남은 인생은 노화와 회한뿐이다.

 여성의 생애를 쓰는 전기 작가들은—물론 여성 전기는 우리 시대 페미니즘이 출현한 1960년대 말 이후 훨씬 많아졌다— 확실하게 여성이 맞이해야 할 운명과, 뭔가 다른 것이 되고 싶은 여성 주체의 뚜렷한 욕망이나 운명 간에 벌어지는 불가피한 갈등을 붙들고 씨름해야 했다. 따라서 전기 작가들은 여왕의 전기를 쓸 때를 제외하곤 여성이라는 주제를 편안히 대면할 수 없었다. 심지어 잉글랜드의 엘리자베스 1세 같은 여왕들의 전기를 쓸 때조차도 전기 작가들은 이들을 다소 비정상적이거나 괴물 같은 존재로 보는 경향이 있었다. 상황이 이러니 전기 작가들이 대체로 여성을 묵살해왔다는 것, 그리고 전기 비평가들이 마치 남성들만 전기의 소재가 될 수 있다는 듯 글을 써왔다는 것도 전혀 놀랍지 않다.

 제임스 클리퍼드James Clifford가 1962년에 펴낸 『전기는 예술이다』Biography as an Art를 보면, 40편이 넘는 에세이 중 여성 전기 작가가 쓴 글은 여섯 편뿐이며, 그나마 이 여성 작가들도 남성이나 왕실 여성, 혹은 유명한 남성들의 삶에 연루되어 유명해진 여성들에 대해 썼다는 점을 알게 된다. 다시 말해, 여성 전기 작가들은 여성을 소재로 삼는다 해도, 여성 자신이 선택한 명망이 아니라 외부적 요인으로 어쩌다 유명해진 여성들을 주로 택해 썼다. 이런 여성들의 전기를 쓰면 위협적인 문제를 안전하게 피해 갈 수 있었다. 이런 여성들의 삶을 특수한 것으로 다루면 다른 여성들에게 전범으로 보이지 않으니, 당연히 받아들여야 할 운명을 교란시킬 여지도 없기 때문이다. 캐서린 드링커 보언Catherine Drinker Bowen은 여섯 명의 남성을 다룬 전기로 유명한 작가로, 여성에 대한 전기를 왜 쓰지 않았느냐는 질문을 받자 "이미 썼죠, 여섯 번이나요"라고 솔직히 답할 용기를 내지 못했다. 당연하다. 그런 답변을 해봤자 이해받지 못하리라는 것을 예감했기 때문이다. 굳이 설명해야 했다면 보언의 대답은 다음과 같은 반문이지 않았을까 싶다. 대담하고 비범한 성취, 법이 허용하는 범위 내에서 발휘되는 탁월한 역량, 전문가로서 지니는 책임감에 관해 쓰고 싶은데 어떤 여성을 선택해야 그런 내용을 쓸 수 있겠느냐는 반문 말이다. 더욱이 보언이 어딘가에서 그런 비범한 여성을 발견했다손 쳐도, 여성의 야심에 정당성을 부여하고 이 고유한 성취의 풍경을 제대로 묘사하려면 도대체 얼마만 한 노력을 쏟아야 했을까? 최근까지 가장 탁월한 여성 전기 작가로 손꼽히는 엘리자베스 개스켈Elizabeth Gaskell은 샬럿 브론테Charlotte Brontë의 천재성을 찬양하는 대신, 샬럿이 유명한 여류 작가이자 괴짜라는 낙인을 그녀에게서 제거했다. 개스켈은 세심한 노력을 기울여 브론테를 여성다움이라는 안전한 범주로 되돌려놓은 것이다.

자신의 삶에 대해 쓰는 여성들도 여성다운 태도라는 속박에서 벗어나기가 힘들었다. 18세기 여성 자서전을 분석한 퍼트리샤 스팩스Patricia Spacks의 말을 빌리면, 여성의 힘을 둘러싼 터무니없는 상상은, 여성이 힘을 성취했는데도 "그 힘을 무능함이나 모자람에 대한 또 하나의 고백으로 모호하게 변형시켰다. … 여성의 … 공적인 자아와 사적인 자아는 … 어떤 면에서 남성과 정반대의 성격을 띤다. 남성이 세상에 들이미는 공적인 얼굴은 … 보통 그의 힘을 상징하는" 반면, 여성이 세상에 내보여도 되는 유일한 공적 얼굴의 모델은 "자기기만과 복종" 모델뿐이다."[17]

4년 후 「숨은 자아」Selves in Hiding라는 제목의 에세이를 발표할 즈음, 스팩스는 여성들의 자서전에 드러나는 무능함에 대한 주장을 20세기의 자서전까지 확장해 적용했다. 스팩스가 논하는 자서전을 쓴 여성들은 에멀린 팽크허스트Emmeline Pankhurst, 도러시 데이Dorothy Day, 엠마 골드만Emma Goldman, 엘리너 루스벨트Eleanor Roosevelt, 그리고 골다 메이르Golda Meir다. 개개인을 보자면 다 심오하고 급진적인 인물들로 혁명적 행동과 사상의 주인공이자, 남녀를 막론하고 흔치 않은 개인적 힘까지 갖춘 인물들이다. 그러나 스팩스는 다음에 주목한다. "자서전을 쓴 이 여성들은 중요한 성취, 때로는 눈부시기까지 한 성취를 일구어냈지만 성취라는 주제는 이들의 서사를 지배하지 못한다. … 사실 충격적이게도 이들은 **자신의** 중요성을 직접 강조하는 법이 없다. 자기 주장을 밝히고 자신을 내보이는 장르인 자서전을 쓰는 여성들이 당연히 해야 할 일을 전혀 못 하고 있다니 놀랍다."[18]

이 여성들은 자신의 삶에서 벌어진 실패에 대한 비난은 뭐든 다 수용하지만, 자신이 결국 맡게 된 책임과 힘을 스스로 추구했다거나 어떤 식으로건 야심이 있었다는 주장은 극구 피한다. 가령 도러시 데이는 스팩스의 분석을 보면, "자아에 대한 의식이 명확한데, 그 의식을 잃으려 부단히 애쓴다."[19] 이들의 자서전은 죄다 "**불확실성**의 수사학을 활용한다."[20] 삶의 고통 역시 성공처럼 침묵을 강요당한다. 어떤 자서전도 예외는 없다. 마치 이 여성 자서전 작가들이 확신하는 유일한 점은 성취건 고통이건 모조리 부인해야 한다는 것뿐만이 아닌가 싶을 지경이다.

스팩스가 관찰한 바에 따르면 우리 시대에 나온 이 자서전들은 모두 "영적 자서전spiritual autobiography[21]이라는 유서 깊은 전통의 여성적 변형으로 보인다."[22] 이런 자서전에서 주인공은 자신의 부족한 자아가 상상 이상으로 드높은 영적 대의에 봉사하도록 신이나 그리스도에게 영적 부름을 받아, 그 권한으로 대의를 이루는 소명을 성취해야 한다. 이런 방식이 아니면 여성의 자아가 대의를 이룬다는 것은 도저히 용납될 수 없다. 그러니 플로렌스 나이팅게일Florence Nightingale은 자신의 재능과 욕망에 어울리는 직업을 간절히 원하는 가운데 신이 당신의 뜻에 봉사하라고 부르는 소리를 네 차례나 듣게 되는 것이다. 영적 자서전에서조차 남성은 영성을 성취한 데서 비롯된 자신을 향한 만족감을 표명하는 반면, 여성은 그렇지 못하다. 메리 메이슨Mary Mason이 쓴 바대로 "여성의 자서전 어디서도 영적 자서전의 원형을 만든 두 남성 작가인 아우구스티누스Augustine와 루소Rousseau가 확립해놓은 패턴을 찾을 수 없으며, 반대로 남성 작가들은 줄리안Julian, 마저리 켐프Margery Kemp, 마거릿 캐번디시Margaret Cavendish, 앤 브래드스트리트Anne Bradstreet가 원형을 마련한 자서전 모델을 결코 차용하지 않는다." 오히려, "자신의 정체성을 발견하는 여성은 다른 의식이 실재하고 그것을 인정해야 한다고 생각하는 듯 보이며, 여성 자아를 드러내는 일은 뭔가 '다른 존재'를 규정하는 일과 결부되어 있다."[25] 이렇게 여성의 정체성은 여성이 선택한 다른 존재와의 관계를 통해 토대를 구축한다. 여성들은 다른 존재와의 관계가 없으면 자신에 대해 드러내놓고 쓸 수 있다고 느끼지 못하며, 심지어 그런 관계가 있다 해도 영적이건 다른 종류건 자신이 세운 성취를 인정받을 자격이 본인에게 있다고 느끼지 못한다.

20세기 중반이 되어도, 여성들은 자서전 서사에 자신의 성취를 주장하고, 야망을 인정하며, 성취가 운이나 타인의 노력 혹은 타인의 관대함의 결과가 아니라는 인식을 솔직하게 내보이지 못했다. 질 콘웨이Jill Conway는 (1855년에서 1865년 사이에 태어나) 미국의 진보시대Progressive Era[24]에 활동했던 여성들의 업적에 대한 연구에서, 자서전에서 자신의 흥미진진한 삶을 서술하는 이들의 서사가 평면적이라는 데 주목했다. 자서전과 달리 이들의 편지와 일기는 이들이 공적 영역을 향한 야심이 있었고 그걸 이루기 위해 고군분투했음을 고스란히 드러낸다. 반면 출간된 자서전에서 이 여성들은 스스로를 직관이 풍부하고 보살핌을 제공하는 존재로 묘사하되, 관리 능력이 있다는 증거가 성취를 통해 드러나는데도 관리 및 운영 역량이 있다는 언급은 절대로 하지 않는다. 콘웨이가 지적하는바, 제인 애덤스Jane Adams의 자서전은 감상적이고 수동적이다. 애덤스 본인이 목적을 찾은 것이 아니라 목적이 자신을 찾아냈다는 식이다. 편지는 다르다. 편지에서 애덤스는 가족이 하던 사업을 인수해 자기 몫을 차지하려 싸운다. 자서전에는 헐 하우스Hull House[25]를 운영할 돈이

길에 떨어져 있던 것으로 묘사했지만 편지에는 진실이 드러나 있다. 콘웨이가 증명하는 대로 이 똑같은 패턴은, 아이다 타벨Ida Tarbell과 샬럿 퍼킨스 길먼Charlotte Perkins Gilman의 자서전에서도 발견된다. 편지에서 드러나는 목소리와 자서전의 서사에서 드러나는 목소리는 완전히 다르다. 모든 자서전은 고백조로 시작되며, 길먼의 자서전을 제외하면, 필생의 업적이 되는 것과의 만남이 우연한 사건인 듯 전달된다. 당연히 다 사실이 아니다. 이 여성들은 각자 평생 매진할 일을 찾아 나섰으면서도 하나뿐인 원고에서는 일이 마치 관습적이고 낭만적인 연인처럼 자신을 발견해 쫓아다녔다고 주장한다. 콘웨이의 지적대로, 정치적 서사를 이야기하는 여성이 따를 만한 모범은 자서전에 없다. 이런 삶에는 남성들이 경력을 쌓으려 밟아간 일의 단계 같은 것을 알아볼 만한 단초도 전혀 없다. 권위 있는 발언 역시 없다. 내털리 데이비스Natalie Davis가 지적했듯, 18세기까지 여성들이 권위를 실어 말할 수 있는 분야는 가족과 종교뿐이었다. 이들은 자신의 삶을 일굴 때 참고할 모범이 전혀 없었고, 자신의 삶에 대한 진실을 말할 수 없어 멘토가 되지도 못했다.

예를 들어 부정부패 폭로로 가장 유명한 언론인 중 한 명이자, 스탠더드 오일 사의 역사를 집필한 아이다 타벨은 자서전에서 기사거리가 "우연히 거기 있었다"라고 말하며, 콘웨이의 말대로 자신의 업적에 대한 아이디어를 타인들의 덕으로 돌린다.

편지의 내용은 딴판이다. 여성들이 쓴 자서전이 설사 분노를 표현한다 해도 콘웨이의 생각에 이 분노는 흑인 남성 작가들처럼 창조적으로 활용되지 못한다. 여성의 성장에서 분노의 표출은 늘 끔찍한 장애물이었다. 무엇보다, 여성의 공적 생활과 사생활은 남성의 서사에서처럼 연결되지 못한다. 우리는 유능한 남성의

경력이 그의 결혼 및 자식들의 요구와 근본적으로 충돌을
빚으리라고는 좀처럼 생각하지 않는다. 남성은 공적 생활이
사적 영역을 침범하더라도 죄의식이나 혼란을 느끼지 않는다.
그러나 여성들은 모범이 될 삶을 쓸 수가 없었다. 여성들은 자신을
본보기로 과감히 내세우지 못했고, 운명이나 우연의 간택을 받은
예외적 사례로 자신의 업적을 제시하는 데 그쳤다.

  1970년대 이후 변화가 많았다. 여성을 다룬 새로운 전기가
새로운 사실을 밝혀내거나, 스팩스의 말대로, 새로운 사실은 별
게 없어도 새로운 이야기를 발굴해냈다. 내 생각에, 몇몇 여성들이
늘 새로운 이야기를 탐색해온 노력에 비하면 여성을 중심으로 한
새로운 이야기는 발굴되지 못했었다. 그러다 드디어 대략 1970년
이후, 크게 대단치 않은 생애, 위대한 생애, 좌절된 생애, 갑작스레
끝난 생애, 그리고 기적적이지만 인정받지 못한 성취가 담긴
생애를 다룬 새로운 이야기가 생겨났다. 다이앤 존슨Diane Johnson의
『메러디스의 첫 부인, 그리고 다른 덜 위대한 생애의 진짜 역사』*The
True History of the First Mrs. Meredith and Other Lesser Lives*는 이런 이야기를
다룬 최초의 저술이었고 이후 흑인 여성, 혁명가 여성, 마거릿
버크화이트처럼 남성의 전유물이던 전문직에 종사한 여성, 그리고
유명하거나 유명하지 않은 다른 무수한 여성들을 다룬 전기가
출간되었다. 모두 새로운 이야기였다. 과거에는 남성의 운명에
헌신하는 여성의 생애만 애깃거리가 되었다. 여성의 전기로부터
더 많은 것을 원하는 소녀들에게는 1970년 이전엔 본보기가 될
만한 여성 전기가 거의, 아니 아예 없었다.

  여기서 별로 특이할 것 없는 전형적 사례로 나 자신을 들 수
있겠다. 1930년대 후반과 1940년대 초반 나는 뉴욕 공립도서관의
분관인 성 애그니스 도서관에서 여러 전기를 읽으면서 시간을

보냈다. 톰 스토파드Tom Stoppard의 희곡『모조품』Travesties의 한 등장인물은 세실리라는 사서의 취향을 묘사한다. "세실리는 점잖긴 하지만 시에 대한 관점은 아주 구식에다 시인들에 대한 지식도, 진짜 다른 온갖 것들처럼 특이해요. 알파벳 순서대로거든요. 세실리는 서가에 꽂힌 순서대로 시를 읽고 있다니까요. 지금껏 읽은 시인은 앨링엄, 아놀드, 벨록, 블레이크, 브라우닝 부부[26], 바이런 등 B로 시작하는 시인들까지인 것 같아요." 나 역시 그런 식으로 전기를 읽었다. 성 애그니스 도서관 서가에 서서 G로 시작하는 전기까지밖에 읽지 못했다는 이유로 R로 시작하는 매력적인 전기를 거부하는 내 모습이 지금도 눈에 선하다. 나를 전기의 세계로 입문시킨 헨리 애덤스[27]의 자서전 『헨리 애덤스의 교육』The Education of Henry Adams의 두 번째 단락 첫 부분이 아직도 기억난다. "만일 보스턴의 헨리 애덤스가 예루살렘 성전 그늘에서 태어나 대사제인 삼촌의 손에 이끌려 유대교 회당에서 할례를 받아 이스라엘 코헨Israel Cohen이라는 유대인 이름을 받았다 한들, 그는 (보스턴의 헨리 애덤스로 자랐을 때보다) 더 뚜렷한 낙인을 받지도 않았을 테고, 새로운 시대가 제공할 이득을 차지하는 경쟁에서 딱히 더 불리한 상황에 처하지도 않았을 것이다." 내가 갖고 있지도 않고, 습득할 가능성도 없어 보이는 지식과 경험에 바탕을 둔 수많은 불가사의한 암시들 중 최초였던 이 문장 앞에서 나는 당혹감을 느꼈다. 열 살짜리 소녀의 자아와 예루살렘에서 태어난 이스라엘 코헨과 비교당하는 보스턴 출신의 헨리 애덤스 사이에 도대체 무슨 연관성이 있겠는가? 내가 전기에 깊이 몰입했던 이유는, 어린 시절 용기와 성취의 세계로 들어갈 길을 전기에서 발견했기 때문이다. 그러나 그 세계로 들어가려면 나 자신을 남자아이로 상상해야 했다.

남성의 전기와 비슷한 여성의 전기는 찾아볼 수 없었기 때문이다. 사실 여성을 다룬 전기 자체가 전무하다시피 했다.

최근 몇 년간 훌륭한 전기들이 출간되었음에도, 여성의 전기나 자서전이 어떤 모습이어야 하는지에 대한 정립된 관점은 여전히 거의 없다. 그런 관점은 어디서 시작해야 할까? 여성의 탄생과 남아로 태어나지 못한 데 대한 실망감에서? 아니면 그래도 실망하지 말아야 할 이유로? 그런 다음 그 여성을 프로이트의 가족 로맨스, 다시 말해 오이디푸스 구도 속으로 슥 밀어 넣어야 할까? 그게 아니라면 그녀의 유년을 어떻게 봐야 할까? 게다가 프랑스와 미국의 페미니스트들이 오이디푸스 이전 단계에 대한 관심을 적극 부활시킨 바로 지금, 어떻게 하면 그 단계를 더 면밀히 살필 수 있을까? 요컨대 전기나 자서전의 주인공인 여성과 그녀의 어머니 사이의—복잡할 수밖에 없는—관계는 무엇일까? 아버지와의 관계는 덜 복잡할 테고, 감정과 욕망 면에서는 더 명확할 것이며, 강력한 연민이나 옭아매는 애착과도 관련이 덜할 것이다. 성적 대상이 되거나 되지 못하는 과정은 여성의 삶에서 어떻게 작동할까? 그녀는 남성들이 자신을 얼마나 매력적으로 생각하느냐에 따라 자신의 가치가 결정된다는 사실에 어떻게 대처할까? 만일 그녀가 결혼을 한다면 그 결혼은 왜 실패하거나 성공하는가? 이 질문들에 답을 해야 한다. 여성이나 그의 남편이 아내나 남편이라는 종래의 가정 내 익숙한 역할에 실패하거나 성공하는 문제가 중요해서가 아니라, 이들이 개인으로서, 그리고 부부로서 성장을 가능하게 할 결혼의 새로운 내러티브를 발전시켰거나 그렇지 못했기 때문이다. "성공한" 결혼이란 정말이지 어떤 모습을 띨까? 관습과 대조를 이루는 새로운 이야기, 다시 말해 여성과 남성이 둘 다 공적 영역에서 확고한 지위를 획득하고 오래오래 결혼 생활을 이어가는 "서사"의 사례는 놀랍게도 거의 없다. 하물며 의식적으로건 아니건 끈질기게 결혼을 피해온 비혼 여성에 관한 이야기는 훨씬 더 적다. 이런 여성의 노력은 거의 언급도 없고 주목받지도 못했지만 여성 자신조차 몰랐던 것치고는 대개 무시하지 못할 만큼 강력하다. 여성 친구들, 중년의 여성들, 혹은 (60세에서 75세까지) 능동적인 노년의 여성들의 생애에 관한 이야기는? 이 질문 중 어느 것도 여성들의 아직 이야기되지 않은 삶의 맥락에서 탐구된 바 없다. 이런 삶은 대부분 관습과 로맨스와 문학과 드라마가 우리에게 제공했던 삶과는 전혀 다른 삶이다.

최근 몇 년간 전기라는 장르는 제법 연구 대상이 되었다. 롤랑 바르트Roland Barthes는 전기를 가리켜 "자신을 소설이라 부르지 못하는 소설"이라 칭했고, 이후 전기가 허구, 즉 말하고자 했던 구성물이라는 인식이 명확해졌다. 모든 학문 분야, 특히 역사 분야에서 최근 학자들은 역사로 흔히 통용되는 사실 중 많은 것이 실제로는 연구 대상인 시대의 지배적 의견이거나 그 시대에 확립된 의견, 혹은 저자가 살아가는 시대를 지배하는 의견이라는 점을 밝혀냈다. 데이비드 브롬위치David Bromwich는 전기에 관한 어느 에세이에서 "특정 시대를 풍미한 전기에서는 주인공들의 개성보다 전기 작가들 사이의 공통점이 더 두드러진다"라고 주장했다. 브롬위치는 정전으로 인정받는 두 작품, 월터 잭슨 베이트Walter Jackson Bate가 쓴 존 키츠John Keats의 전기와 리처드 엘먼Richard Ellmann이 쓴 제임스 조이스James Joyce의 전기를 논하면서, 이 두 인물에 대한 다른 버전의 전기들이 인기가 없었던 이유를 고찰한다. "만일 우리 시대 어느 비평가가 키츠와 조이스를 흥미로운 작가로 생각하는데 그 이유가 이들이 최고의 지성이 아닌 뭔가 다른 것을 전달해 주기 때문이라고 한다면 어떨까? 그렇다 해도 그는 전문 비평가 서클에서 퇴출당하진 않는다. 그저 중요치도 않은 논의를 한다는 빈축이나 살 것이다. 사태가 이렇게 된 원인으로 즉시 떠오르는 설명은 비평이 특정한 사고방식을 이미 확립해놓고 다른 사고의 여지를 없애버렸다는 것이다. 그러나 더 멀어 보이나 더욱 강력한 원인은 비평에 앞서 전기가 특정 사실을 아예 생각할 수도 없는 것으로 만들어놓았다는 것이다."[28] 브롬위치의 설명대로 "전기는 작가를 해석하는 범위와 한계를 규정한다." 계속해서 브롬위치는, 전기의 이 정의가 세 가지 방식을 통해 작동해왔다고 설명한다. 먼저, "작가와 작품 사이의 관계에 대한 합의를 확립한다. 전기건 자서전이건 작가가 곧 작품이라는 식의 이런 합의는 하도 감쪽같아 독자는 그런 게 있는지 인식조차 못 한다. 그다음, 작가에 대한 독자의 이미지를 근본적으로 바꾸어 작품이 누리는 명망의 기반까지 작가 중심으로 바꾸어버린다. 마지막으로, 작가의 작품을 그의 삶에 대한 투명한 해명으로 간주함으로써 작품에 대한 평가를 줄이고 우리의 관심을 작가의 생애에 집중하게 만든다."[29]

이렇게 여성을 다룬 전기는 특정 사실을 생각조차 할 수 없게 만들어놓았기 때문에, 그런 사실을 기반으로 전기가 다룰 논의를 확장하고 싶어 했던 사람들은 학계에도 언론에도 존재하지 않는 논의의 영역에 발을 들인 셈이었다. 그러나 1970년 이후 여성의 전기에서는 (자서전인 경우) 여성 작가와 작품의 관계가 바뀌었거나 바뀌기 시작하고 있다. 작가의 이미지는 급격히 변하고 있다. 게다가 여성의 삶을 다루는 새로운 서사를 읽는 일은 대개 새로운 경험이기 때문에, 그 삶에 대한 독자의 관심도 더욱 날카로워졌다.

지난 20년간 여성들의 전기나 자서전을 다룬 연구는 극히 드물었다. 물론 그 이전은 더 말할 것도 없다. 전기나 자서전 연구 혹은 전기 관련 논문집이 여성을 다루었다 해도, 거의 거기서 거기였다. 거트루드 스타인Gertrude Stein을 다루거나 가끔 마거릿 미드Margaret Mead가 등장하는 정도다. 이 두 여성은 실로 여성 전기와 자서전에 대한 급진적이고 새로운 주제로 고려할 만한 대상일 텐데도 실제로 그런 소재가 된 적도 없다. 그뿐인가! 과거에 나온 여성의 전기들은 필리스 로즈Phyllis Rose의 말처럼 그저 "편파적 전기"였다.

> 전기의 표준으로 통하는 전기들에 대해 내가 제기하는 문제는 잘 읽히느냐 아니냐 하는 가독성에 관한 것이 아니다. 오히려 최고의 전기라 일컬어지는 작품들은 끝내주게 잘 읽힌다. 내 불만은 이 전기들이 저자의 주장과 달리 공정하지 않다는 것이다. 최근 쓰인 전기들 중 가장 격조 있고 가독성 높은 두 권의 전기를 사례로 들어보자. 퀜틴 벨Quentin Bell의 『버지니아 울프』*Virginia Woolf*와 고든 헤이트Gordon Haight의 『조지 엘리엇』*George Eliot*이다. 이 전기들은 어떤 기준으로 보아도 탁월하다. 둘 다 귀중한 정보가 그득하다. 그런데 이런 많은 정보 속에서, 둘 다 아주 기를 쓴 듯 억지로 누락시킨 정보가 있다. 공정성과 객관성을 주장하는 이런 전기가, 노골적으로 편파적인 대부분의 전기보다 더 기만적인 이유는 특정 정보를 필사적으로 누락했기 때문이다. 퀜틴 벨은 울프의 글쓰기에 대한 정보를 누락했다. 다시 말해 정신병을 제외한 울프의 내적 삶을 대부분 빠뜨림으로써, 울프가 아내를 돌보는 좋은 남편에 지나치게 의지했던 병든 여자라는 인상만 남겨놓았다. 고든 헤이트는 조지 엘리엇의 글쓰기에 대한 설명을

벨만큼 누락하진 않지만, 역시 엘리엇의 내적 삶을 거의 고찰하지 않으며, 이미 행해진 것, 즉 엘리엇이 말하고 쓴 것에만 집중한다. 이런 접근법은 헤이트가 스스로 허용한 주제인 조지 엘리엇의 정서적 삶에 대한 추정, 즉 엘리엇은 의지할 사람이 필요했다는 것, 따라서 혼자 서기에 적합한 인물이 아니었다는 추정을 첨예하게 부각시킨다.30

당연히 로즈는 자신이 이 사례들을 무작위로 선택한 건 아니라는 점을 인정한다.

퀜틴 벨의 울프 전기와 고든 헤이트가 쓴 엘리엇 전기는 둘 다 남성이 여성 작가를 다룬 전기로, 여성에 대한 이 남성들의 가정은 하도 뿌리 깊게 내면화되어 있어 자명한 진리처럼 강력해 보인다. 따라서 독자는 조지 엘리엇에게 의지할 사람이 필요했다는 저자의 추정을 중립적인 관찰로 수용한다. 그러나 중립이란 없다. 전기 작가가 자신의 편견을 크게 인식하느냐 작게 인식하느냐 하는 차이가 있을 뿐이다. 자신이 누락한 내용의 힘을 제대로 인식하지 못한다면 자기 일을 온전히 장악했다고 할 수 없다.31

브롬위치와 로즈 둘 다 인식하듯, 여성을 다룬 전기는 쓰였다 해도 수용 가능한 논의의 제약, 즉 무엇은 논해도 되고 무엇은 빼야 하는가에 대해 사회가 관습으로 규정한 비좁은 논의 범위 내에서 쓰였다. 오직 로즈만이 이 점을 여성에게 구체적으로 적용시켜 고찰한다. 그러나 결론적으로, 여성을 다룬 전기의 경우 벨과 헤이트가 (베이트와 엘먼처럼) 상당한 정보를 누락한 것이 사실이긴 하나, 1970년 이전에 남성들이 쓴 여성의 전기가 여성이 쓴 전기보다 꼭 더 제한적이고 편협했다고 생각해서는 안 된다. 오히려 1970년 이전에 여성의 전기를 쓴 남성들은 전기의 주제가 될 만한 여성이 부족하다고 느꼈다 해도, 최소한 여성 전기 작가들처럼 "관습에서 벗어난" 여성의 운명을 생각하며 개인적으로 불안해하지는 않았다. 남성 전기를 쓴 보웬과 마찬가지로, 조르주 상드George Sand의 전기를 쓴 조지프 배리Joseph Barry와, 도러시 톰슨Dorothy Thompson의 전기를 쓴 빈센트 션Vincent Shean은 주인공인 여성 모험가들에게 남성에게 익숙한 "퀘스트" 플롯을 허용했다. 남성 전기 작가들은 여성 전기 작가들과 달리 "여자답지 못한" 생애를 보고 참을 수 없는 불편함을 느끼지 않았다. 전기라는 개념 자체가 지난 20년간 심대한 변화를 겪었고, 특히 두드러지는 것은 여성 전기의 변화다. 그러나 남성 전기 작가들이 자신이 제시하는 해석의 "객관성"에 도전을 받은 정도였다면, 여성 전기 작가들은 특정 해석을 버리고 다른 해석을 택하는 정도가 아니라 훨씬 더 어려운 작업을 해야 했다. 자신이 다루는 여성이 영위해온 생애를 실제로 재창조해야 했던 것이다. 이들이 찾을 수 있는 증거로부터 주인공 여성의 인생 이야기 너머에 놓인 과정과 결정과 선택과 특유의 고통까지 발굴해내야 했다는 뜻이다. 남성을 자기 삶의 중심에 두지 않았던 여성들의 선택과 고통이 유일무이해 보였던 이유는, 이들이 원했던 삶에는 본보기도 사례도 이야기도 전혀 없었기 때문이다. 이 선택, 이 고통, 그 이야기, 그리고 그러한 이야기를 더 체계적으로 다룰 수 있는 방법, 요컨대 "애매모호한" 여성이 될 용기를 찾는 방법을 모색하는 것이 이 책의 목표다.

1.

결혼과 자살 외에
여성의 서사를 발굴하기

| 여성은 자신을 명명할 힘을 주는 새 이야기가 창조될 때까지 침묵 속에서 굶주린다.

··· 샌드라 길버트와 수전 구바

아래의 이야기는 프로이트가 『일상생활의 정신병리학』Zur Psychopathologie des Altagslebens을 출간하기 정확히 100년 전에 태어난 한 여성의 실화다.

네 살 때, 넓은 영지에서 말을 타며 자유롭게 뛰어 놀던 그녀는 남자아이처럼 옷을 입었다. 자라는 내내 말을 타기 위해 남자 옷을 입었고, 마을 연극에서도 당연했던 예쁜 여자 역할 대신 남자 역할을 맡았다. 그녀는 크로스드레싱이 재미있다고 느꼈고, 가끔 남동생과 같이 집안의 영지 근처 마을로 놀러 갈 때면 자신은 젊은 남자처럼 차려입고, 동생에게는 여자 옷을 입혔다.

그녀는 열여덟 살에 결혼했는데, 헨리 제임스Henry James가 훗날 언급한 바에 따르면 그녀의 남편은 평범한 여자를 아내로 들였다고 생각했으나, 괴테Göthe나 다름없는 지성인을 아내로 맞이했음을 알게 된다. 결혼하고 1년이 지나 첫아이가 태어났고, 6년 후 둘째가 태어났는데, 둘째는 남편의 자식이 아닐 가능성이 높았다. 그 무렵 그녀에게는 이미 첫 연인이 있었다. 남편은 이미 수년 전부터 수많은 정부를 두고 있었고 그중에는 아내의 하녀도 있었다. 게다가 남편은 아내를 가혹하게 대했다. 결혼한 지 8년이 지났을 무렵 그녀는 남편을 떠나 수도로 가서 연인이자 동료인 남성과 살기 시작했다. 남편과 별거할 권한을 획득하고 (자신의 돈으로) 생활을 꾸려가며 남성의 필명을 사용해 장편소설 두 편과 중편소설 여러 편을 출간했다. 아래는 그녀가 수도에 처음 왔을 때 입은 옷을 묘사한 구절이다.

> 무엇보다 난 연극이 고팠다. 가난한 여자가 이런 갈망을 충족시킬 수 있다는 환상은 전혀 없었다. 사람들은 말하곤 했다. "여자로 살아가려면 최소 2만 5000은 있어야 해." 게다가 여자가 제대로 차려 입지 못하면 진짜 여자가 아니라는 역설은 가난한 여성 예술가에겐 참을 수 없는 족쇄였다.
> 반면, 어린 시절부터 친구로 지냈던 남자 녀석들은 나만큼 적은 돈으로 살면서도 흥미를 끌 만한 온갖 것들을 알고 지낸다는 사실을 난 알고 있었다. 문학과 정치 행사들, 극장과 화랑, 클럽과 거리의 흥미진진한 활동들, 너석들은 이 모든 걸 봤고, 현장에 있었다. 나 역시 너석들만큼 튼튼한 다리와 두 발이 있었고, 시골에 살 때는 이 두 다리와 두 발로 커다란 나막신을 신고 울퉁불퉁한 길을 씩씩하게 걸어 다니는 법을 배웠다. 하지만 도시의 포장도로에서 나는 얼음 위에 떠 있는 배처럼 서툴렀다. 얇고 약한 신발은 고작 이틀 만에 갈라져버렸고, 굽 높은 신발 때문에 걸핏하면 넘어졌으며, 치맛자락을 들어올려야 한다는 걸 늘 잊었다. 나는 진흙투성이였고, 고단했으며 코를 훌쩍였고, 내 신발과 옷—홈통에서 흘러내리는 빗물에 젖은 작은 벨벳

모자도 빼먹지 말아야겠다—이 무서운 속도로 헤저가는 꼴에 속수무책이었다.

고민에 휩싸인 그녀는 어머니와 의논했고 어머니는 말했다. "형편이 어려웠던 젊은 시절에 너희 아버지는 나에게 남자 옷을 입으면 어떻겠느냐는 묘안을 냈단다. 네 이모도 남장을 했고, 우린 각자 남편들이랑 어디든 돌아다녔지. 극장이랑, 아, 가고 싶은 곳은 다 갔어. 게다가 비용도 절반밖에 안 들었단다." 완벽한 해결책이었다. "어린 시절 남자아이 옷을 입어봤었고 무릎바지와 셔츠 차림으로 사냥을 했던 적도 있으니, 남장이 내게 특별히 새로운 경험도 아니었기에 충격적일 것도 없었다." 그녀는 유명해졌고 많은 연인을 두었으며 그중 한 명은 여성이었다. 남성을 사귈 때는 한 번에 한 명만 사귀었고, 그녀와 사귀었던 남자들은 대개 그녀보다 젊었는데 그 남자들은 다른 여성과 결혼하지도 사귀지도 않았다. 그녀는 여성들을 좋아했고 자신보다 젊은 여성들을 평생 격려했다. 그녀는 당대 뛰어난 일부 남성 예술가들의 친구이자 연인이었다. 그녀는 아늑하고 환대 가득한 집을 꾸렸고, 결국 손자손녀, 정원, 대화를 좋아했으며, 사회 혁명의 가능성에 환희를 느꼈다. 그녀의 이름은 조르주 상드였다.[1]

독자 여러분에게 상드를 더 설명하기 위해 엘렌 뫼르스Ellen Moers의 말을 빌리려 한다. 뫼르스 역시 상드의 동시대인들이 썼던 표현을 빌어 다음과 같은 초상을 그려냈다. "상드는 풍부하고 빛나는 지성과 따뜻한 마음씨의 소유자였고, 용기와 정력과 생기와 관대함과 책임감과 탁월한 유머감각 그리고 매력을 갖춘 여성이었다. 그녀는 귀족적 품위와 보헤미안의 소탈함을 두루 갖추고 있다. 지혜롭고 열정적이며, 현실적인 인간인 동시에 실망스러울 만큼 이성적이다." 뫼르스는 이어서 상드를 묘사한다.

> 그녀는 위대한 남성의 자질을 갖춘 여성이었다. 이것이 조르주 상드를 신봉했던 이들이 그녀에 관해 말하고 싶어 했던 바다. 하지만 언어가 성별화되어 있던 탓에, 상드를 묘사하는 표현은 그녀를 경외하던 이들의 의도와 정반대로 비정상성과 괴이함의 함의를 무심코 띠게 되었다. 엘리자베스 배럿 브라우닝이 상드에게 바친 소네트는 이렇게 시작된다. "그대, 커다란 머리를 가진 여성이자 커다란 마음을 가진 남성." 상드의 완벽함에 대한 찬사로 시인이 의도했던 의미는 괴상하게 들리는 결과를 낳고 만다. 발자크도 마찬가지다. "상드는 소년 같고, 예술가이며, 도량이 넓고, 너그럽고, 경건하며 정결하다. 남성의 본질적 특성을 지니고 있는 그녀는 따라서 여성이 아니다." 투르게네프도 비슷했다. "그녀는 얼마나 용감했는지, 얼마나 선량한 여성이었는지."… 조르주 상드의 글을 읽으면 온통 여성이었던 위대한 남성을 만나게 된다.²

아닌 게 아니라 상드의 생애를 다룬 다양한 형태의 글을 구해 읽다 보면, 그녀를 남성이자 여성으로 동시에 묘사하는 서술을 계속 맞닥뜨리게 된다. 그녀는 연인들과 친구들을 통해 어머니부터 스승까지 인간관계에 결부된 온갖 역할을 연기해냈다. (귀스타브 플로베르Gustave Flaubert는 상드를 "친애하는 거장"이라 불렀다.) 그녀는 주고받는 힘, 돌보고 돌봄을 받는 힘을 골고루 갖추고 있었다. 하지만 그녀를 알고 경탄했던 모든 이들은 상드를 묘사하거나 다룰 언어가 전혀 없었으며, 상드 자신의 고유한 인생 외의 다른 어떤 이야기도 그녀를 제대로 담아내지 못했다.

상드는 전통적인 여성의 역할을 비롯해 온갖 역할을 연기했고
편지를 쓸 때도 전형적인 낭만적 문구를 쓰긴 했지만, 그런
역할이나 문구의 피해자가 되는 법이 없었다. 상드의 어느 소설에
등장하는 여주인공은 남자 옷을 입은 채 살아가지만 결혼도 하고
이따금씩 여자 옷을 입기도 한다. 그녀는 자유라는 단어를 입에
올리며 남성으로 죽는다. 죽기 전에 한 말은 다음과 같다. "나는 늘
여자 이상을 느꼈다." 여자 이상이라는 말은 물론 사회적 통념이
정의하는 여성, 그 이상의 존재라는 뜻이다.

"오, 그대. 제3의 성이여." 플로베르가 상드에게 갈채를 보내며
쓴 표현이다. 오늘날 비아냥거림이나 모욕으로 들릴 수 있는
이 말은 당시엔 온전히 칭찬의 의미로 사용되었다. 최고의
언어 마술사인 플로베르조차도 자신의 인생에서 가장 위대한
친구를 묘사할 다른 표현을 발견하기 불가능하다고 생각했다.
평생 상드의 작품을 찬미했던 헨리 제임스도 상드를 그려보려
여러 차례 노력했지만, 언어와 서사의 예술가인 그 역시 번번이
좌절했다. 제임스는 상드를 가리켜 이렇게 표현했다. 조르주
상드의 삶의 방식은 "아주 간단하고 포괄적으로 이렇게 요약된다.
그녀는 마치 남자인 듯 삶을 대했다. 달리 설명할 길이 없다."
상드의 사후, 제임스는 플로베르에게 "조르주 상드가 주는 교훈,
그녀가 우리에게 선사한 아름다움은 여성성의 확장이 아니라
남성성을 풍성하게 했다는 데 있다"라고 말했다. 플로베르는
상드의 장례식에서 "관이 지나가는 모습을 보고" 눈물을 흘렸다며
이반 투르게네프 Ivan Turgenev에게 슬픔 어린 어조로 편지를 썼다.
그리고 자신이 그랬듯 상드와 우정을 나누었던 한 여성에게는
이렇게 썼다. "내가 알았던 상드만이 그 위대한 남성의 내면에
얼마나 많은 여성의 면모가 있었는지, 그 천재의 내면에 얼마나

어마어마한 다정함이 있었는지 알려줍니다. 상드는 프랑스의 찬란한 광채로 남을 것이며 아무도 그녀의 영광에 견줄 수 없을 겁니다."[3]

이 이야기를 버지니아 울프의 『자기만의 방』A Room of One's Own에 등장하는, 윌리엄 셰익스피어Willian Shakespeare의 가상의 여동생 주디스 셰익스피어가 누렸을 법한 생애와 비교해보면, 주디스를 비롯해 다른 수많은 그 시대 익명의 여성 시인들이 실패한 데 반해, 조르주 상드가 얼마나 기적 같았는지 설명하고픈 조바심이 차오른다. 상드의 삶을 더 잘 설명하려고 파리와 프랑스의 관습을 언급할 수 있겠으나 그건 중요하지 않다. 중요한 점은 삶 자체는 본보기 역할을 하지 못한다는 것, 본보기 역할을 해내는 것은 결국 이야기뿐이라는 것이다. 삶의 본보기가 될 만한 이야기를 만들어내기란 결코 쉽지 않다. 전에 읽었거나 들은 이야기들을 다시 말하고, 그런 이야기들을 본보기 삼아 살아가는 것뿐이다. 우리는 텍스트를 통해 삶을 살아간다. 이 텍스트들은 읽히거나 읊어지거나, 전자 매체로 경험되거나, 어머니의 웅얼거림으로 우리에게 와서 관습이 요구하는 바를 말해준다. 이야기의 형식이나 매체와 상관없이 이야기는 우리 모두를 형성해왔다. 새로운 허구, 새로운 서사를 만들려면 이 이야기들을 활용해야 한다.

조지 엘리엇George Eliot은 본인이 창조한 여주인공들의 삶으로 절대 묘사하지 못했던 일을 직접 하면서 살았던 인물로, 『대니얼 데론다』Daniel Deronda의 조연 격 인물인 대니얼의 어머니를 시켜 여성의 이야기가 없다는 점에 항의하도록 했다. 어머니는 대니얼에게 이렇게 말한다. "넌 상상도 못 할 거다. 내면에 천재성이라는 남자의 힘을 갖고 있는데 여자라는 노예 상태를 겪는다는 것이 어떤 것인지 말이야. 정해진 형태가 있는 거야. …
여자의 마음은 딱 요만큼의 크기여야 하지 절대 더 크면 안 돼.
그렇지 않으면 작아지도록 조여버리니까. 마치 전족처럼 말이야.
여자의 행복은 케이크 굽듯 정해진 조리법대로 만들어야 하거든."

　19세기 문학을 면밀히 들여다보면 조르주 상드가 당대 작가들에게 끼친 어마어마한 영향력을 절대 간과할 수 없다. 상드의 작품은 영국 전통을 벗어난 격정 소설을 쓴 브론테 자매뿐 아니라, 표도르 도스토엡스키Fyodor Dostoevsky, 월트 휘트먼Walt Whitman, 내서니얼 호손Natheniel Howthone, 매슈 아널드Mattew Arnold, 조지 엘리엇, 그리고 다른 많은 작가들의 작품에도 영향을 끼쳤다. 상드를 직접 만나지는 못했어도 그녀의 작품에 영향을 받은 작가들만 그나마 언급한 것이다. 현실이 이런데도 빅토리아조 문학, 러시아 문학, 또는 미국 문학 수업에도 조르주 상드를 언급하는 과목이나 강좌는 거의 없다. 상드와 상드가 끼친 거대한 영향은 프랑스 및 미국 문학의 정전에서 흔적 없이 사라져버렸다. 상드가 여성이 아니었다면 이런 실종은 상상할 수 없는 일이다. 그러나 무엇보다 중요한 것은, 상드의 생애가 여성들이 자신의 삶에 대한 허구를 만들 때 활용할 서사가 되지 못했다는 점이다. 상드가 지은 소설이 끼친 해방 효과는 영국과 미국의 여성 작가들보다는 남성 작가들에게 더 크다. 상드가 살아간 이야기는 아직 텍스트로 구현되지 못했다. 어떻게 해야 여성을 위한 새로운 서사가 텍스트로 쓰인 후 다시 다른 텍스트로 들어가 궁극적으로 여성의 삶으로 스며들어 여성들에게 영향을 미치게 될까?

　몇 년 전, 흥미진진한 여성 전기를 여러 권 읽은 후 피터 애크로이드Peter Ackroyd의 T. S. 엘리엇 전기에 충격을 받았다. 내 전공이 현대 영문학이다 보니 책무로 엘리엇의 전기를 읽어야 한다고 생각했다. 책을 읽으면서 25년간 영문학을 가르치면서 느꼈던, 남자들의 삶이 참 쉽다는 느낌이 다시 밀려들었다. 나는 나의 청년 시절을 다시 듣는 사람처럼 전기에 빠져들었다. 그 책에는 **중요한** 줄거리뿐 아니라 너무도 많은 잠재적 서사들이 있었다. 엘리엇의 극악한 성적 행실들, 개인적 실패들, 직업적 불확실성, 집필 장애, 사회로부터 받는 끔찍한 평가들, 혼돈 가득 뒤죽박죽인 국가관과 종교관, 그리고 결혼관에도 불구하고 엘리엇의 서사는 마치 하디 보이즈의 이야기[4]처럼 필연적인 이야기로 술술 읽혔다.

수년 만에 처음으로, 나는 여성들의 삶과 텍스트를 탐구하는 내 여정이 이 경이로운 서사의 향연, 즉 가능한 탐색, 상상할 수 있고 구할 수 있는 온갖 이야기까지 그득 차려놓은 향연으로부터 아득히 떨어져 있다는 것을 깨닫게 되었다. 나는 애크로이드의 전기에 빠져들었다. 광고를 믿고 집어든 할리퀸 로맨스에 빠져들듯 쉽게 몰입했다. 내가 이 전기의 서사를 로맨스 읽듯 술술 읽은 이유는 그 이야기의 결말을 알았고, 그래서 인생이 엘리엇에게 제공할 수 있는 온갖 선택지 중에서 그가 자신에게 어울리는 선택지를 찾아내리라는 것을 알고 있었기 때문이다. 그러나 여성에게는 이처럼 다채로운 선택지가 없다. 아주 젊은 나이에 결혼하는 것으로 끝나는 로맨스가 여성을 위한 서사의 전부이기 때문이다. 이런 이야기들도 모든 격정을 소진한 후 찾아드는 평화로운 느낌으로 끝난다. 남성의 삶을 다룬 결말에서 느껴지는 것과 같다. 나는 여성들의 감동적인 생애를 다룬 많은 이야기를 읽었지만 그 이야기들은 대부분 고통스럽고 희생은 크며 불안은 강렬하다. 따라야 할 각본, 즉 어떻게 행동해야 할지 그려주는 이야기가 없기 때문이다. 대안이 될 만한 다른 이야기는 당연히 없다.

애크로이드는 엘리엇에 대해 "그가 『투사 스위니』*Sweeney Agonistes*5라는 희곡과 관련해 작품을 쉽게 쓰지 못한 이유는 이런 작품을 쓰기 위해 에너지나 영감을 끌어올 만한 문학적 배경이 전무했기 때문이다"라고 쓴다. 엘리엇은 "버지니아 울프에게, 걸출한 모델이 없는 상황에 처한 현대 작가는 혼자 힘으로 작업할 수밖에 없다"라며 불만을 토로했다고 전해진다. 이런 불평을 들은 버지니아 울프의 머릿속에 어떤 생각이 지나갔을지 상상하면 웃음이 난다. 애크로이드는 또 덧붙인다. "[엘리엇이 출간한 작품] 전체에 걸쳐 엘리엇의 상상력이 다른 작가들의 형식과 언어의 영향을 강하게 받았다는 증거가 있다. 작가는 상상력으로 이 영향을 자신의 독특한 원본 설계에 통합할 수 있었다. 엘리엇은 이를테면 안전망이 늘 필요했다. 안전망을 확인하고 나서야 자신만의 곡예에 한껏 빠져들 수 있었다."6 바로 이런 안전망이야말로 여성의 글은 고사하고 여성의 삶에도 없는 것이다. 여성들은 한 번도 들어본 적조차 없는 형식과 언어를 어떻게 상상해야 할까? 어떻게 살고 글을 써야, 다른 여성들이 이들의 글을 통해 살아갈 수 있도록 만들 수 있을까? 애크로이드의 말에 따르면 창작을 하는 동안 엘리엇에게는 언제나 "절망"의 순간이 있었다. 물론 버지니아 울프도 아무것도 없는 무의 상태에서 시작해야 했고, 그녀의 절망은 여러 세대의 여성들을 낙담시킬 만큼 깊었다.

애크로이드에 따르면 "엘리엇은 다른 시에 응답할 때만 자신의 가장 심오한 감정을 표현할 수 있었다."7 여성들에게 그 응답은 늘 남성들의 시에 대한 응답, 자신들의 것이 아닌 남성들의 관점에 대한 응답이었고, 대개 엘리엇이 그랬듯

여성의 생각을 의도적으로 배제하는 응답이었다. T. S. 엘리엇의
『황무지』*The Wasteland*에서 수용할 수 있는 여성은 침묵하는
히아신스 소녀뿐이다. 침묵하는 이 소녀는 혐오스럽지도
파괴적이지도 않다. 엘리엇이 귀하게 여기는 것은 소녀의
침묵이다. 애크로이드는 "『타임스』에서 엘리엇이 맡았던 익명의
논평가 역할은 그에게 잘 맞았다. 그 덕에 엘리엇은 학자의 역할을
채택해 저명한 권위의 어조를 차용할 수 있었다"[8]라고 썼다.
버지니아 울프 역시 처음 『타임스』에 논평을 쓸 때는 익명의
역할이 반가웠을 것이다. 익명성은 여성들의 고통을 줄여주고,
여성으로서 적절하게 행동해야 한다는 데서 오는 불안도 덜어주기
때문이다. 샬럿 브론테는 출판사에 이런 편지를 썼다. "나는 남자나
여자가 아니라 작가입니다." 신시아 오지크Cynthia Ozick와 조이스
캐럴 오츠Joyce Carol Oates 역시 이 시대의 작가인데도 같은 말을
했다. 그러나 울프가 저명한 권위의 어조를 사용했더라면 자신의
인생을 부정하는 사태가 벌어졌을 것이다. 문학에 "객관적"이거나
보편적인 어조란 존재하지 않는다. 그런 어조가 있다는 말을
아무리 오랫동안 들어왔어도 없는 건 없는 것이다. 오직 백인,
중산층, 남성의 어조만이 있을 뿐이다.

그러나 서사와 어조만이 문제는 아니다. 문제는 언어다.
자신의 인생 이야기를 만들 수단인 언어가 남성의 언어밖에 없는
상황에서 여성은 어떻게 여성의 인생 이야기를 만들어낼 수
있을까? 메리 저커버스Mary Jacobus의 말에 따르면, 문제는 "여성이
문화에 접근하고 문학 담론에 진입할 때 어떤 성질을 띠고 있는가
하는 것이다. 여성을 교육시켜야 한다는 요구 덕에 19세기와
20세기 페미니즘은 해방을 향한 추진력을 얻을 수 있었다. …
하지만 교육을 통해 남성 지배 문화에 접근하게 된 결과는 해방

못지않게 소외와 억압과 분열, 즉 '여성성'의 침묵, 여성들의 유산이 손실된다는 느낌이다. … 시각의 차이, 기준의 차이를 제시한다는 것—그 차이가 무엇일지 질문하기 시작한다는 것—은 그 차이를 구성하는 언어 표현에 의문을 제기하는 것이다." 저커버스는 "여성 작가들이 가부장제 사회에서 글을 쓸 때 언어 자체가 여성 자신을 억압하는 구조를 강화하는데서 겪는 균열"에 관해 말한다. "불가능한 욕망을 요구할 때" 여성들은 교육과 전문직에 진입해 발언을 할 수 있게 된 듯 보여도 다시 침묵 상태로 밀려날 수 있다.

저커버스의 말을 다시 빌리자면 문제는 이렇다. "여성들이 담론에 접근하려면 남성성과 상징계를 특징으로 하는 남근 중심 체제에 복종해야 한다. 복종을 거부하면 여성성을 더 하찮은 광기나 무의미함으로 재각인시킬 위험을 감수해야 한다." 이런 의미에서 프랑스 철학자 쥘리아 크리스테바Julia Kristeva에게 남성성의 거부는 상징계의 질서, 즉 아버지의 법을 거부하는 것이며, 이렇게 되면 여성들은 전(前)오이디푸스 단계인 기호계에 놓인다. 기호계란 "리드미컬한 의성어를 쓰는 옹알이 단계로, 상징계에 선행하나, [초기의] 즐거우면서도 언어 관습에 파열을 내는 측면에 남아 있다." 따라서 여성들은 한편에서는 (가부장제의) 언어에서 배제당하고, 다른 한편에서는 언어의 "여성적" 영역, 다시 말해 "사실상 여성들의 억압과 제약의 장소"인 영역에 갇혀버린다. 이제 어떻게 해야 할까? 저커버스는 여성들이 "어쩔 수 없이 '남성' 담론의 언어를 사용하더라도 남성 담론을 해체하기 위해 끊임없이 노력하고, 쓰일 수 없는 것을 써야 한다는" 제안을 내놓는다.[9] 지미 듀란트Jimmy Durante[10]의 말대로 빌어먹을 세상이 이 모양인데 어쩌겠는가.

그렇다면 이런 세상에서 여성들은 무엇을 해왔을까? 우리가 현재 처해 있는 현황을 요약한 마거릿 호먼스Margaret Homans의 말이 있호. "프랑스 작가들은 언어와 경험이 상호 동시적으로 존재한다는 전제를 수용한다. 언어가 여성들의 침묵과 부재에 의지하여 작용하는 남성의 구성물이라고 이해하기 때문에, 여성들은 글을 쓸 때 자신을 여성으로 재현하지 않는다. 반면, 미국의 최근 페미니즘 비평은 실용적으로 경험이 언어와 분리될 수 있으며, 따라서 여성들은 언어에 통제를 받지 않고 스스로 언어를 통제하거나 통제할 수 있다고 가정해왔다."[11] 일레인 마크스Elaine Marks의 말을 빌려 달리 표현하자면, 미국의 페미니스트 비평가들은 여성들이 성차별이라는 **외부** 요인으로 **탄압받고** 있으며 "여성들의 목소리가 지배적인 문화 속에서 들리지 않는다"라고 보는 반면, 프랑스 비평가들은 여성이 **내면에서 억압된** 존재, 억눌린 무의식에 해당하는 존재이므로 애초에 언어 재현이 불가능하다고 본다.[12]

결국 요점은 (호먼스의 말을 빌리면) 다음과 같다. "여성은 기존 언어로부터 성별 기반의 소외를 경험하며, 이 소외의 특징은 여성이 [남성] 지배 집단에 참여하는 동시에 거기서 배제당하는 애매모호함이다." 혹은 (저커버스의 말을 빌리면) "여성들은 전통적으로 남성이 지배하는 글쓰기 방식을 각색해 여성의 억압과 욕망을 표현해낼 수 있는가?" 혹은 (나의 표현으로 하자면) 우리는 어떻게 여성의 이야기가 담긴 서사를 찾아낼 수 있을까? 다른 이야기와 다른 삶에 영향을 끼쳐, 우리가 더 이상 셰익스피어의 누이를 묻어버리거나, (낡은 이야기 때문에) 조르주 상드를 여성이라 부르지도, 그렇다고 남성이 아닌 탓에 남성이라 부르지도 못한 채 포기하지 않게 해줄 서사를 찾아낼 방법은 무엇일까?

최근 컬럼비아 대학교의 석사 과정 학생들을 대상으로 개최한 '젠더와 문학'이라는 세미나에서 우리는 여성 작가들이 쓴 네 편의 단편을 집중적으로 읽었다. 이들은 자신이 쓰지 않은 각본에 갇혀 있다고 느꼈으나 서서히 그 각본을 분석하기 시작하고 주위를 살펴 다른 삶으로 이어진 출구를 찾아 나선 여성들이다. 케이트 쇼팽Kate Chopin의 「각성」The Awakening, 도리스 레싱Doris Lessing의 「19호실로 가다」To Room 19, 수전 글래스펠Susan Glaspell의 「여성 배심원단」A Jury of Her Peers, 그리고 진 스텁스Jean Stubbs의 덜 알려진 걸작 「사촌 루이스」Cousin Lewis다. 세미나를 통해 학생들이 알게 된 것은, 여성의 적절한 행동에 대한 사회의 기대인 젠더 구조 때문에 이 여성들이 지적이고 공정하다고 여겨져온 이야기에 늘 갇혀버렸다는 사실만이 아니다. 이 여성들 각자가 겪은 각성의 순간을 지나 사회가 강제하는 각본에서 벗어나 자유로워질 시도를 해야 하는데 이를 뒷받침해줄 서사가 여성들에게 없다는 사실 또한 학생들이 세미나에서 배운 것이다. 자유를 찾으려, 정체성과 심리적 공간을 향한 열망을 채우려 고군분투하는 이 여성들의 소설에서는 다양한 극적 사건이 기다린다. 「각성」과 「19호실로 가다」에는 자살이, 「여성 배심원단」에는 살인이 등장하며, 「사촌 루이스」에는 제약이 더 심한 결혼이 나온다. 여기서는 남장을 하고 자식들에게 모험 이야기를 들려준 여성이 자식들을 양육할 자격이 없다는 선고를 듣는다. 학생들은 우리가 과거에 너새니얼 호손의 『주홍글씨』The Scarlet Letter와 윌라 캐더의 『오 개척자들이여!』 O Pioneers!를 읽었다는 사실을 떠올렸다. 이 두 소설의 여성은 특별한 운명을 겪지만 미래의 여성들이 따를 만한 길을 전혀 남기지 못했고, 여성들로 이루어진 공동체의 삶도 누리지 못했으며, 다른 여성들과의 연대도 없이 살아갔다. 이 여성들의 이야기에는 다른 대부분의 여성들이 살아온 이야기를 거부하는 것 외에 특별한 플롯이 없었고, 이들에게는 자신이 배운 점을 두고 얘기를 나눌 다른 여성도 없었다. 오히려 이들은 불행한 여성들이 필연적으로 받는 "당신이 원하는 게 뭔데?"라는 난처한 질문이나 받는 신세가 되었을 따름이다.

새로운 여성의 삶을 형성할 때 중요한 두 가지 문제인 서사의 부족과 언어의 부족 중 하나를 더 강조해야 한다면 나는 주저 없이 서사를 택할 것이다. 여성들이 원하는 바를 표현하지 못하게 만드는 남성 언어에 대처하는 문제를 다룬 심오하고 통찰력 있는 글은 이미 많이 나와 있다. 최초로 여성의 문장을 쓴 작가는 제인 오스틴이라고 했던, 버지니아 울프의 불가사의한 발언을 우리는 기억한다. 이 말은 우리 중 일부에게 울림을 준다. 오스틴의 소설 『설득』Persuasion의 여주인공 앤 엘리엇Anne Elliot의 말도 마찬가지다. "남자들은 자기 이야기를 할 때 모든 면에서 우리보다 유리했어요. 훨씬 더 높은 수준의 교육도 남자들의 전유물이고 펜 역시 그들 손에 있었으니까요." 토머스 하디Thomas Hardy의 『성난 군중으로부터 멀리』Far From the Madding Crowd에서 여주인공 밧세바Bathsheba가 한 말도 비슷한 울림을 준다. "주로 남성의 감정을 표현하라고 만들어진 언어로 여성이 자신의 감정을 정의하기란 어려워요." 그러나 여기서 우리가 중요하게 떠올려야 할 것은—내 생각에는 호먼스와 저커버스도 다르지 않을 것 같은데—여성에게 언어가 없다는 문제가 아니라 여성들이 서로에게 깊이 말하지 못한다는 문제이다. 데버라 캐머런이 쓴 바대로 "남성은 의미를 전혀 통제하지 않는다. 남성이 이해할 수 있는 표현법을 **선택한** 쪽은 오히려 여성들이다. 남성들로 하여금 귀를 기울이게 만들 최선의 방법이 그것이기 때문이다."[15] 캐머런의 주장에 따르면 문제는 언어가 아니라 권력이다. 권력은 무슨 이야기를 할지 정하는 힘이다. 브롬위치의 표현을 (좀 수정해서) 말하자면, 남성 권력은 특정한 이야기를 생각조차 못 하도록 만들어버렸다.

캐머런이 인식하듯, 여성의 말이라고 원래부터 전복적이지는 않다. 여성의 말이 전복적이 되는 것은 여성들이 "(의식 고양 단체에서 그러하듯) 남성과의 교류보다 여성의 말에 특권을 부여하기 시작할 때다. 남성들이 여성들의 말을 사소한 것으로 만들어버리는 이유는 말을 두려워해서가 아니라 여성이 스스로 자신의 말을 폄하하도록 만들기 위해서다." 여성들이 자신들의 대화를 남성들과의 대화보다 하찮은 것으로 여기는 한, 여성의 말은 실제로 해롭지 않다.[14]

여성들은 서사를 찾기 위해 서로에게 향해야 한다. 여성들은 자기 삶의 이야기와 희망과 수용 불가능한 환상을 공유해야 한다. 장 주네Jean Genet의 전기를 쓴 장폴 사르트르Jean-Paul Sartre는 서문에서 이야기를 가리켜 "운명에 대면하는 자유, 처음엔 불운에 짓눌렸다 불운에 맞서 점차 불운을 통제하는 자유"로 정의했다. 그가 입증하려는 바는 천재성이 "재능이 아니라 오히려 절망적인 상황에서 우리가 고안해내는 방법"이라는 것, 그리고 천재성을 생각하려면 "해방의 역사를 세세히 되짚어야 한다"는 것이다. 우리가 살펴본 바에 따르면, 여성들은 천재뿐 아니라 여성 천재의 생애를 기록한 전기 작가들조차 "해방의 역사를 세밀히 되짚지" 못한다. 오히려 여성 천재들의 노력조차 "절망적인 상황에서" 이들이 발명한 것으로 기록조차 되지 못한다. 하물며 천재도 아닌 나머지 여성들은 어떻겠는가?

우리는 남성의 언어를 재각인하기를 멈추고, 낸시 밀러가 여성의 권력 욕망이라 부른 것에 대한 우리의 생각을 다시 써야 한다. 밀러가 말하는 권력 욕망은 여성을 추진시키는 유일한 욕망이라 간주되는 성애 욕망과 대비된다. 우리는 우리에게 텍스트가 없다는 것을 알고 있으므로 텍스트를 새로 발견해야 한다. 버지니아 울프는 조지 엘리엇의 여주인공들이 "자신들도 알지 못하는 뭔가를 욕망한다고, 그 뭔가는 아마 인간 존재의 진실과 양립 불가능한 것일 수 있다"라고 말한다. 이 뭔가야말로 바로 여성들이 재정립해야 하는 것이다. 밀러의 말대로 "여성 문학의 플롯은 '삶'에 관한 것이 아니다. … 그것은 문학 자체의 플롯, 여성의 삶을 소설로 표현하는 일…의 제약에 관한 것이다." "경험을 … 문학으로 재기입한 산물은 판타지나 허구가 아닌 경우 지배 문화" 다시 말해 남성의 문화를 직조하는 것이다. 문학은 우리의, 여성들의 "욕망의 허구"를 쓰지 않는다.[15]

어떻게 해야 문학이 여성의 욕망이라는 허구를 서사화할 수 있을까? 테리사 드 로레티스Teresa de Lauretis가 『앨리스는 하지 않는다: 페미니즘, 기호학, 영화』*Alice Doesn't: Feminism, Semiotics, Cinema*에서 내린 결론은 현실을 전유하는 방안으로 "의식 고양"을 규명해보자는 것, 그 방법을 통해 여성 욕망의 서사를 쓰자는 것이다. "오늘날 의식 고양이라는 표현은 미디어가 유용해 희석시켜 삼켰다 내뱉은 다른 단어들처럼 진부하고 불쾌한 느낌을 주지만, 그 때문에 섹슈얼리티와 젠더의 경험을 집단적으로 표명하는 실천이 개인과 사회에 끼치는 영향이 희석되는 것은 아니다. 이러한 실천을 통해 주체가 사회-역사적 현실과 맺는 관계를 이해하도록 하는 근본적으로 새로운 형식이 정교하게 발전되어왔고 여전히 진행 중이다. 의식 고양은 이러한 이해와 사회 현실 분석과 비판적 개선을 위해 여성들이 발전시켜온 독창적, 비판적 도구다." 로레티스가 권고하는 것은 "자기 의식의 실천", 즉 "여성들의 역사적 경험으로부터 여성들이 사회 현실 속 주체의 관계를 재표명할 수 있도록 방편이 되어줄 정치적, 이론적 실천과 자기 분석 실천이다."[16] 간단히 말해 우리 여성들은 집단 속에서, 서로에게 진실을 말하기 시작해야 한다. 현대 페미니즘은 바로 그런 발화에서 시작되었는데, 우리는 수치심, 혹은 조롱에 대한 두려움 때문에 이 중요한 집단적 현상을 잃어버렸다.

의식 고양은 부족하나마, 이 실천에 참여한 백인 중산층 여성들에게 한 가지 사실을 알려주었다. 이 여성들이 핵가족 관계에 고립된 채, 사회가 여성의 삶이라고 용인해줄 만한 서사에 자신이 들어맞지 않을 때 그런 자신을 괴물로 여기며 죄의식에 힘들어했다는 사실 말이다. 여성 운동 이전에 여성 개개인이 치료나 조언으로 얼마만큼 도움을 받았는지는 의문이다. 이제 중요해진 것은 여성들이 자신을 개인이 아니라 집단으로 인식하는 것, 개별 성애를 바탕으로 한 가족 서사에 갇혀 결국 모자란 존재로 재단당하지 않는 것이다. 전기와 자서전에 등장하는 개개인의 인생 서사는 언제나 예외 없이 개인 특유의 별난 삶으로 간주되어 왔다. 나는 여성들이 이야기를 나누고, 야심과 가능성과 성취에 대해 집단적으로 읽고 이야기하는 곳, 바로 그곳에서 여성 서사가 발견될 거라 확신한다.

새로운 이야기들이 텍스트로 들어가려면, 서로의 이야기를 듣고 이야기를 나누는 여성들의 집단적 구술 교환이 시작되어야 한다는 것이 나의 생각이다. 여성들이 고립된 채, 자기 생애의 가장 사적인 이야기를 들려주지 못한다면 이들은 자신이 만든 어떤 서사의 일부도 되지 못한다. 율리시스를 기다리며[17] 수의용 실을 짜고 풀기를 되풀이하는 페넬로페처럼, 이야기를 공유하지 못하는 여성들은 운명을 피하기만 할 뿐 운명을 끌어들이거나 창조하거나 통제하지 못한다. 이들은 구혼자들에 둘러싸여 개인으로 살아가겠지만 할 이야기가 없을 것이며, 결혼을 할지 말지, 하면 언제 할지나 궁금해하며 살 것이다. 『오디세이아』*Odyssey*에서 중요한 것은 아테나가 페넬로페의 꿈에 나타날 때 페넬로페가 결혼한 이후 한 번도 보지 못한 언니의 모습을 하고 있다는 점이다. 아테나가 다른 여성의 모습을 했다면 그건 누구였을까? 페넬로페의 삶에 다른 여성 친구는 하나도 없었다. 분명 가까이엔 없었다. 새뮤얼 버틀러Samuel Butler가 『오디세이아』의 작가가 여성일 거라 생각했던 이유 중 하나는 "율리시스와 페넬로페가 잠자리에서 자신이 겪은 이야기를 서로에게 들려줄 때 페넬로페가 이야기를 먼저 한다는 점 때문이다. 남성 작가였다면 율리시스의 이야기 다음에 페넬로페의 이야기를 넣었을 것이다."[18] 버틀러는 페넬로페가 남편과 달리 개별 서사의 주체가 아니므로 해야 할 새로운 이야기가 없다고 생각한다. 하지만 그보다 우리가 더 주목해야 할 점은 페넬로페에겐 남편 외에 자신의 이야기를 들려줄 상대가 하나도 없었다는 것이다. 20년 동안이나 집에 없었던 남편쯤이나 되어야 누구보다 먼저 아내의 얘기를 집중해 들어주리라 생각한 점에 주목해야 한다. 꼭 고전만 그런 것도 아니다. 이후 최근의 문학에서조차 우리는 여성들이 혼자라는 것, 제인 오스틴과 샬럿 브론테와 조지 엘리엇의 여주인공들에게 가까운 여성 친구들이 전혀 없다는 사실을 본다.

여성 생애 서사가 존재할 조건은 딱 한 가지다. 여성들이 집 안에서, 남성들의 이야기 속에서 더 이상 고립된 삶을 살지 않는 것, 그 조건이 충족될 때 비로소 여성 서사가 존재하게 된다.

2.

모델도 모험도 없던

그녀는 오직

지성에 의지했다

> 삶은 도러시 세이어즈에게서 만족스러운 정서적 관계, 이성애적
> 관계와 부모 관계로부터 얻을 수 있는 인간적 경험의 대부분을
> 빼앗았다. 그녀는 지성에 의지할 수밖에 없었다.
>
> … 제임스 브라바존

니나 아우어바흐 Nina Auerbach가 조지 엘리엇을 두고 쓴 다음의 문장은, 조지 버나드 쇼George Bernard Show가 여자답지 않은 여자라 칭했던 여성의 전기를 쓰려는 작가라면 누구나 이마에 새겨 마땅하다. "의도적으로든, 무의식적으로든, 또는 우연히든, 그녀는 자신의 삶을 구성한 것 같다. 그녀의 변덕스럽고, 방향을 잃은, 자기 의심으로 가득했던 인생의 전반부가 황금기로 뒤바뀌었다. 그 엄격한 지식인 여성이 타락한 여인이 되었다."[1] 아우어바흐는 앞의 문구를 통해, 여성의 서사가 없는 시대에 살면서 손에 넣을 수 있는 유일한 서사인 관습적 결혼 혹은 성애 플롯에 갇히거나, 아니면 그런 플롯에 갇히지 않기 위해 에너지를 소진하는 유능한 여성들의 삶에 뚜렷이 나타나는 현상을 눈부실 만큼 간단명료하게 짚어냈다. 남성들의 서사가 허용하고 독려까지 하는 모험 플롯대로 살고 싶은 여성이 그런 삶을 살려면, 어떤 사건이 새로 발명되어 이들의 삶을 인습적 서사에서 특별하고 별난 서사로

변모시켜야만 한다. 이러한 변모는 모조리 무의식적으로, 겉으로 보기에 "우연히" 이루어진 듯 보여야 한다. 조지 엘리엇은 아내와 법적으로 이혼하지 못하는 조지 헨리 루이스George Henry Lewes[2]와 동거함으로써 관습적인 플롯에서 과감히 벗어났다. 그녀가 맺은 관계는 빅토리아 시대의 도덕관으로 보면 전적으로 혐오스러운 관계였다. 엘리엇은 단 한 번의 파격적 행동으로 사회적 요구들, 어머니 노릇을 하라는 강요, 그리고 성적 매력을 지닌 존재로 받아들여지지 못하는 절망에서 벗어났다. 동시에 그녀는 성적 욕망, 일정한 의존의 필요, 무엇보다 작업할 공간의 필요를 충족시켰다.

많은 여성들이 비슷한 경로를 거쳤지만, 대개는 엘리엇보다는 눈에 덜 띄는 방식의 변화를 택했다. 살아가는 방식이 훨씬 다양해진 우리 시대, 과거의 여성들이 사회에서 죄악시하는 선택, 다시 말해 대개 성애와 관련된 죄악을 저지름으로써 관습에 찌든 사회(즉, 사회 전체)로부터 얼마나 철저히 자신을 차단할 수 있었는지 파악하기란 쉽지 않다. 20세기 중반 이전에 세상을 떠난 여성들의 삶을 이들의 이런 선택과 관련해 살필 때는 항상 주의해야 한다. 이런 행동은 (늘 그렇진 않더라도) 대개 해당 여성의 나이가 20대 후반이나 30대일 때 발생한다. 여기서 기억해둘 점은, 여성 삶의 다른 측면들도 그렇지만, 남성의 삶에서 흔히 나타나는 삶의 위기가 여성에게는 대체로 더 늦은 시기에 나타난다는 점이다.

유예기moratorium라는 시기를 규정한 에릭 에릭슨Erik Erikson의 저술 전체에 드러나듯 인간 발달 모델로 적합하다 간주되는 것은 남성이다. 그럼에도 에릭슨의 유예기에 대한 서술은 여성들의 삶을 살펴볼 때도 제법 유용하다. 에릭슨에 따르면 재능 있는 특정 남성들—조지 버나드 쇼와 윌리엄 제임스William James가 훌륭한 사례다—의 삶에는 30세 이전에 아무런 성과도 내지 못한 채 어디에도 도달하지 못하거나, 아예 목표가 무엇인지조차 불분명해 보이는 시기가 있다. 물론 이들은 실제론 아직 인식하지 못한 과업을 준비 중인 것이다. 그런데 유예기라는 문제와 관련해, 개인이 원하는 듯 보이는 것과 아직 실현되지 않은 소명을 가능케 하기 위해 실제로 하는 일 사이의 대립을 더 명확히 보여주는 사례는 바로 윌리엄 예이츠William Yeats다. 예이츠 역시 조지 엘리엇과 다르지 않게, 해낼 만한 일도 성적인 경험도 일상에서 만나는 친구조차 없는 암울한 존재로 자신을 생각했을지 모른다. 에릭슨 이전이었다면, 우리는 예이츠가 자신을 그렇게 생각한 이유를 찾기 위해 남성의 성적 표현에 가해진 심리적 제약들을 알아보려 했을 것이다. 그러나 사실 예이츠는 자신이 되고 싶었던 시인이 되는 데 꼭 필요한 경험을 스스로에게 제공하고 있었고, 자신이 의식적으로 욕망이라고 기록했던 것보다는 자신의 소명에 어울리는 삶을 살았을 공산이 더 크다. 얻을 수 없는 여성을 사랑했고, 이루어질 수 없는 사랑, 채워지지 않은 욕망이 그의 시를 예리하게 벼려주었기 때문이다.

 도러시 L. 세이어즈는 중세문학을 전공한 학자로서, 옥스퍼드 대학교에서 프랑스어로 최고 성적으로 학사 학위를 땄으며, 피터 윔지 경, 그리고 나중에는 해리엇 베인Harriet Vane을 주인공으로 한 인기 추리소설의 작가이기도 하다. 세이어즈는 여성 유예기, 그리고 사회 제약 및 기성의 서사 경계 밖에서 살겠다는 여성의 무의식적 결정을 명확히 보여주는 전기적 사례를 제공한다. 세이어즈의 생애는 제임스 브라바존James Branazon이 썼다. 나는 세이어즈의 생애에 대해 쓰고 싶었고, 어쩌면 쓸 수도 있었다.

그러나 세이어즈의 유언 집행자들이 브라바존을 선택한 것은
중요한 여러 측면에서 현명했다. 브라바존이 세이어즈의 전기를
쓰는 데 필수적인 두 가지 자격을 갖추고 있었기 때문이다. 첫째,
영국인인 그는 배움만으로는 얻을 수 없는 영국 고유의 문화에
대한 이해가 깊었다. 둘째, 그는 세이어즈의 종교적 신앙에 대해
잘 알고 공감했다. 내가 브라바존의 전기를 논하려는 이유는
내가 찾아낸 몇 가지 측면을 거기 추가할 수 있기 때문이다.
공적 세계에서 일가를 이루려는 욕망을 버리지 않고 그로 인해
얽힐 위험까지 감수하며 살았던 여성들, 결혼에 따른 애정관계
위에 공적 성취를 얹거나 때로 결혼을 대체해버릴 만한 성취를
이루고자 했던 여성들에 대한 이해 말이다.

물론 모든 전기에는 위험이 따른다. 이 위험을 두고 롤랑
바르트는 전기가 "인물에 가짜 통일성을 제공하는 작업"이므로
불쾌하다고 썼다. 누가 부정할 수 있겠는가? 전기 작가들과 전기들
중 뭔가 선택을 한다는 것은 서로 별반 다르지 않은 가짜 통일성의
산물 중에서 선택하는 일이다. 우리가 삶을 선택하는 일 역시
다르지 않다.

어떤 여성이 자신의 전기를 잠시 상상한다 생각해보자. 본인이
남긴 기록들, 남은 친구들의 뇌리에 남은 생생한 기억들, 그들이
우연히 보관해둔 편지들, 본인의 말년에 오다가다 별일 없이 만난
전기 작가에게 남겼을 인상을 근거로 쓰인 전기다. 어떤 비밀,
어떤 미덕, 어떤 열정, 어떤 규율, 어떤 다툼이 그 여성의 죽음과
함께 영원히 소실될까? 우리의 기억에서조차 얼마나 많은 것들이
사라졌거나 왜곡되었거나 바뀌었을까? 우리는 자신에게 우리의
과거에 대해 이야기하며, 그 과거로 허구나 이야기를 만들고,
이러한 서사들이 바로 과거, 즉 우리 삶에서 가라앉지 않은 유일한

부분이 된다.

제임스 브라바존은 전기 작가들이 다 그러하듯 남은 것들로 전기를 구성해 써야 했다. 그러나 그는 여성이 어떤 삶을 살 수 있는지에 관한 자신의 해석도 전기의 구성 요소로 삼았다. 내게도 세이어즈의 삶에 관한 다른 해석, 즉 다른 이야기(혹은 다른 버전의 이야기)가 있다. 나는 세이어즈의 삶이 여성의 무의식적 "타락"fall을 보여주는 탁월한 사례라고 생각한다. 타락이란 여성에게도 천직이나 소명이 가능한 환경, 여자란 결혼과 그 관계에서 낳은 자식을 삶의 절대적이고 유일한 중심으로 놓아야 한다고 고집하는 결혼 서사를 탈피한 환경으로 "떨어진다"는 뜻이다.

내 인생에서 희망의 시기였어야 마땅하나 그렇지 못했던 시절 세이어즈의 추리 소설이 내게 얼마나 큰 의미였는지는 아무리 강조해도 모자라다. 희망의 시기라는 말은 길을 나서기만 하면 운명이 기다리고 있는, 불가능이란 없어 보이는 남성의 청년기를 묘사하기 위해 C. P. 스노C. P. Snow가 사용한 표현이다. 그러나 연애, 결혼, 어머니 노릇이라는 여성의 운명이 뭔가 부족하거나 아무 매력이 없다고까지 느끼는 젊은 여성에게 청년기는 희망의 시기가 아니라 불확실성의 시기, 최악의 경우 우울한 시기다. 남성의 열정이 자신에게 향하는 것을 보면서 단조롭고 답답한 여자의 운명에서 잠시나마 한눈을 팔 수 있기라도 한 듯 격정에 사로잡혀 일부 무모한 실험을 하는 시기이기도 하다. 이런 불안한 시기에 나는 세이어즈의 소설을 읽었고, 그녀의 기지와 지성과 여성 공동체와 윤리적 세계에 대한 묘사 덕에 여성에게 가능한 삶이 무엇인지 볼 수 있었다. (세이어즈의 『진실의 밤』Gaudy Night 출간 50주년 기념행사 때, 나는 옥스퍼드 대학교 서머빌 칼리지의 기념

학회에서 축하 연설을 하면서, 이 소설이 미국의 여성 독자들에게 오랜 세월 어떤 의미를 띠어왔는지 전하려 애썼다.) 세이어즈가 제공한 것은 물론 환상이었다—어차피 추리소설은 모조리 환상이다—그러나 최소한 그녀의 환상은 여성들이 오랫동안 처방받아온 로맨스물의 환상과는 달랐다.

내가 본 이런 점에 제임스 브라바존은 거의 주목하지 않았다. 그는 세이어즈의 출생 대신 28세 때 그녀가 느낀 절망감, 브라바존의 표현으로 "결혼도 못 하고 직업도 없는 상태"로 인한 암울한 분위기로 전기를 시작한다. 브라바존은 미혼이라는 점을 실직보다 먼저 내세우지만 정작 세이어즈 본인이 부모님에게 쓴 편지에서 토로한 불만은 "원하는 일을 찾을 수가 없어요."였다. 그 뒤를 잇는 내용도 돈과 옷과 휴일이 없다는 것이 먼저다. 남자는 꼴찌다. 브라바존은 이렇게 서술한다. "세이어즈는 대체로 자신에게 주어진 카드를 최대한 아주 잘 활용했다." 그는 세이어즈가 예뻤더라면, "정상적으로" 결혼을 했더라면, 아이를 많이 낳았더라면, 그리고 외롭게 자란 무남독녀가 아니었다면 더 행복했을 것이라 짐작한다. 브라바존은 세이어즈의 삶을 보면서, 아내와 어머니가 될 기회가 그녀의 카드로 주어지지 않은 탓에 "지성에 의지해" 살았다고 해석한다. 그는 세이어즈가 "청소년기 때 신체적인 매력도 자신에 대한 확신도" 없었다는 점에서 "가혹한 카드"를 쥐었다고 짐작한다. 남성이 설계한 각본을 성공적으로 재연하는 데 필요한 장신구가 세이어즈에게 부족했다는 점에 집중하는 것이다. 그는 여성들이 청년 시절 성적인 매력이 없었다는 바로 그 점 덕에 자아의 힘을 키워, 어른으로 성장했을 때 (감정, 관계, 돌봄 같은 역할에 중점을 두는) 표상적 세계가 아니라 (목표 지향적이고 생산적인 역할을 수행하는) 도구적 세계에 진입할 수 있게 될 가능성이 있다는 점을 인정하되 지지하지는 않는다. 브라바존이 알아차리지 못한 것은 세이어즈의 청년기가 바로 유예기의 사례라는 점이다. 남성들과 마찬가지로, 재능이 뛰어난 여성들의 경우 관습적인 여성의 삶을 영위하지 못하는 것, 전통적인 삶의 방식을 일찌감치 찾지 못하는 것이 운이 나빠 좋지 못한 패를 쥐는 문제가 아닐 수 있다. 이 여성들이 보내는 청년기는 본인이 당연히 느꼈으나 인식도 명명도 못 한 재능을 쫓는 삶이 형성되는 시기일 가능성이 있기 때문이다. 이런 시기의 특징은 심오한 소명 의식은 있으나 그 소명이 구체적으로 무엇인지 전혀 모르는 상태, 따라서 부적절하고 결핍되었다는 느낌이다.

우리는 이제, 세이어즈가 자신의 소명을 깨닫는 데에 전통적 여성이 영위하는 삶의 유혹을 (조지 엘리엇처럼) 멀찌감치 내다버리는 일이 대단히 중요했음을 안다. 세이어즈는 결혼하지 않은 여성의 임신이 (본인도 늘 생각했듯) 큰 죄악이었던 시절 결혼하지 않은 채 임신함으로써, (아이의 아버지가 아닌) 그녀의 사랑을 받아줄 수도 없는 남자에게 사랑을 쏟아 부음으로써 기묘한 독립을 확보했다. 세이어즈는 도저히 이해할 수 없을 만큼 사랑했다. 헤어진 존 쿠르노스John Cournos라는 남자에게 편지를 썼는데, 남은 편지들이 그녀의 절망뿐 아니라, 실낱같은 가능성에 매달렸던 모습을 드러낸다. 그녀가 열렬히 원했던 존 쿠르노스는 러시아계 유대인으로 세이어즈를 떠나 더 부유한 여성과 결혼했고, 세이어즈는 임신뿐 아니라 다른 남자와의 관계에 대한 이야기까지 편지로 그에게 말했다. 세이어즈에게 강렬한 성적 욕망이 있었다고 지적한 브라바존의 말은 옳다. 그녀는 욕망의 대상이 되는 데 만족하지 않고 오르가즘을 원했다. 결국 크게 만족스럽지 못한 남자와 결혼을 하면서 세이어즈는 성적 만족과 독립 둘 다를 얻었다. 깊이 파고들면, 세이어즈의 남편이 된 오즈월드 애서턴 플레밍(일명 "맥"Mac)Oswald Atherton Fleming이 제1차 세계대전에서 심리적 트라우마를 입었다는 사실은 본인에겐 불행이었겠지만, 세이어즈를 불행하게 하지는 않았다. 세이어즈의 남편은 세이어즈가 다른 남자에게서 낳은 아이와 함께 살기를 거부했는데, 이 거부가 무의식 층위에서는 일정 정도 세이어즈 본인의 욕구에 부합했다는 추측까지도 해볼 수 있다. 세이어즈는 사회가 남성에게 부과한 역할을 남편인 맥보다 더 잘 수행해나갔다. 아들의 양육비를 대고 교육을 시키며 자기 일을 해나간 것이다. 브라바존은 성적으로 경제적으로 별 매력이 없는 맥과의 결혼 생활을 세이어즈가 이어간 이유에 관해 영리한 추측을 내놓는다. 맥의 흠결에도 불구하고 최소한 결혼 초기에는 세이어즈에게 성적인 만족감을 주었을 것이라는 추측이다.

세이어즈가 말년에 자신의 외모를 두고 보인 태도를 보면, 여성의 차림에 향한 사회적 기대 때문에 고심하던 시기가 끝나자, 늘 성에 차지 않았던 옷차림, 화장, 머리손질에 더는 매이지 않아도 되어 자유로워졌다는 것을 알 수 있다. 가부장 문화 속 많은 여성들은 매력적인 여성다움의 이상에 순응해야 한다는 생각을 아무리 나이가 들어도 쉽게 버리지 못한다. "자신을 꾸밈없이 있는 그대로 두는 것"은 여자의 자격뿐 아니라 많은 경우 인간의 자격을 포기하는 것으로 간주된다. (버지니아 울프가 시인 엘라 휠러 윌콕스Ella Wheeler Wilcox를 두고 했던 말을 떠올려보자. "그 여자는 블루스타킹[5]처럼 보이느니 차라리 문학을 완전히 버렸을 것이다.") 여성들이 외모를 매력적으로 가꾸도록 독려받는 상황이 당연한 문화 탓에, 외모를 무시하고 내면의 지성을 가꾸어 그 힘을 저항하지 못할 매력과 마법으로 쓰려면 어마어마한 용기가 필요하다. 범상치 않은 재능도 필요하다. 랠프 혼Ralph Hone은 메리 엘런 체이스Mary Ellen Chase가 1934년 41세가 된 세이어즈의 외모를 묘사한 내용을 자신의 전기에 다음과 같이 인용했다(브라바존은 이 내용을 인용하지 않는다).

> 도러시 세이어즈보다 평범한 외모의 여성은 지구상에서 거의 찾아볼 수 없다. 평범하다는 것도 지극한 친절의 표현이다. 머리가 어깨뼈와 쇄골 사이에 딱 붙어 있어, 목이 거의 없어 보였다. 얼굴은 불그레했고, 새파란 두 눈은 근시라 코에 걸친 안경이 말하거나 움직일 때면 흔들거렸다. 가느다란 머리칼은 관리를 하거나 신경 쓴 흔적이 없어 흐트러진 모양새였다. …그녀는 덩치가 크고 골격이 도드라져 우아함과는 거리가 멀었다.[4]

체이스는 인습에 얽매이지 않는 자유로움을 겁내면서도, 세이어즈가 단호하게 자신의 모습으로 살아가기 위해 필요로 했던 용기가 무엇인지 제대로 알아보았을 뿐 아니라 그 용기를 필시 시기했던 듯 다음과 같이 덧붙인다. "세이어즈는 외모 면에선 매력이 거의 없어 그보다 더한 여성을 찾기 힘들 정도였지만, 들을 만한 말을 할 땐 사람을 끌어당기는 매력이 누구보다 강력한 인물이었다." 말년에 세이어즈는 꽤 근사해 보이도록 차려입었다. 하지만 중년이 되어 살이 찌는 여성이 자연스레 자신의 여성적 매력과 인간성을 분리시킨다는 점은 의심할 바 없어 보인다(최근 엘리자베스 케이디 스탠턴Elizabeth Cady Stanton과 마거릿 미드의 전기 작가들이 두 여성에게 아주 우호적인 태도로 전기를 쓰면서도 이들이 노년에 살이 찌는 것을 이해하지 못하고 개탄스러워한다는 점은 이런 면에서 아이러니다). 세이어즈는 여성의 바지 착용이 부적절하다고 비판하는 남성들에게 대꾸하듯 이렇게 썼다.
"여성의 바지가 당신들에게 매력적이지 않다면 안됐지만 그건 내 알 바 아니지. 당신네들을 매료시키고 싶진 않으니까. 인간으로서 편하게 지내고 싶을 뿐."

그렇다 쳐도, 세이어즈에 관해 글을 썼던 작가들과 달리 우리만큼은 세이어즈가 젊은 시절 매력이 없지 않았다는 점을 세심하게 알아봐야 한다. 브라바존은 세이어즈가 성적인 매력이 넘치는 대상으로 주목받진 않았지만 생기와 매력이 넘쳤고 청혼도 여러 차례 받았다고 적는다. 세이어즈는 젊은 시절 길고 가느다란 목에 "늘씬하고 키가 컸다." 그 시절 세이어즈가 원한 것은 "자신과 수준이 맞는 남자," 즉 맞붙어 싸워 자신에게 겁을 먹을 수 있는 남자였다. 물론 세이어즈 본인의 표현대로 자신을 도와 "세상에 불을 지를 수" 있게 할 남자는 결코 찾지 못했다. 대신 소설을 통해 피터 윔지 경이라는 남성을 창조함으로써 세상에 불을 질렀다.

세이어즈가 구약성경의 신처럼 여성을 창조한 것은 피터 윔지 경이라는 추리소설 캐릭터를 충분히 정립시킨 후였다. 세이어즈 소설의 여주인공 해리엇 베인Harriet Vane은 세이어즈와 공통점이 많다. 무엇보다 자기 일에 헌신적이라는 점, 그리고 지적인 여성으로서 자신의 사랑을 감당할 만한 수준의 남자를 찾지 못한다는 점이 비슷하다. 이런 측면에서 피터 윔지 경과 해리엇이 결혼을 결정하는『진실의 밤』에서 세이어즈는 평생 준비해왔던 소설을 제대로 써냈다. 추리소설의 서사를 변형시켜 완벽한 지성에 대한 자신만의 비전을 여성 캐릭터로 구현하는 과제를 완수한 것이다.

애석하게도 세이어즈가 마련해놓은 해리엇 베인의 마지막 운명은 여성 작가들 본인들이 갖고 있던 자율성을 똑같이 갖춘 여성 캐릭터를 창조하지 못하거나 창조하기 꺼렸던 이 작가들의 공통된 특징을 고스란히 드러낸다. 그럼에도 세이어즈는 여주인공의 마지막 운명을 다루는 서사에서 조지 엘리엇보다는 확실히 진일보했다. 엘리엇은 제한된 여성의 세계를 벗어난 캐릭터를 만들어낸 적이 없기 때문이다. 반면 세이어즈가 해리엇 베인을 창조해놓고도 윔지 경처럼 끝까지 나아가도록 하는 데 주저했다는 점이 눈길을 끄는 이유는, 여성 삶의 문제뿐 아니라 여성의 삶에 대해 쓰는 일이 얼마나 어려운가에 관해 많은 것을 말해주기 때문이다. 세이어즈는 해리엇을 지키기는커녕 피터 윔지 경처럼 계속 일을 하면서 독립적으로 살도록 내버려두지조차 않았다. 대신 해리엇 베인을 상징 격 여성으로 창조한 다음 서둘러 결혼시켜버렸다.

세이어즈는 피터 윔지 경을 창조해 그의 캐릭터를 최종적으로 정교하게 다듬는 작업에 대해 꽤 길게 이야기한 바 있다. 원래 세이어즈는 윔지를 제거하려다 실패했다. 그를 은퇴시키려 도끼를 쳐들자마자 윔지 경에게 반한 수백 만 독자들이 몰려들었기 때문이다. 그러나 여기서 우리가 어느 정도 추론할 수 있는 것은, 해리엇 베인이 "종래의 페르세우스 방식"[5]으로 기능할 인물, 다시 말해 점점 더 큰 인기를 구가하는 피터 경에 의해 구조될 처녀 역할을 다할 뿐 어떤 구체적인 계획으로 창조되거나 제거된 인물이 아니라는 점이다. 결국 "완전한 인간"으로 창조되어 성장할 수 있었던 캐릭터는, 결혼을 하든 제거가 되든 간에 피터 윔지 한 명뿐이었던 것이다.

세이어즈가 실토한 바에 따르면 "피터를 그가 … 죽음과 치욕에서 구출해준 젊은 여성과 바로 결혼시켜버릴 수 없었던 이유는 그 여성이 자존감을 잃지 않고 피터를 받아들일 만한 언어 형식을 찾지 못했기 때문이다." 세이어즈가 자신이 창조한 완전한 인간이 실은 해리엇 베인이었다는 언급을 회피하려고 영리한 전략을 썼거나, 아니 어쩌면 본인 스스로 그 점을 알아차리지 못했을 수도 있다. 해리엇에 대해 쓰려는 자신의 욕구를 얼마나 잘 숨겼든 간에 세이어즈는 피터를 더 인간적으로 만들려는 욕구보다는, 한 여성을 자율적이고 지적이고 여자답지 않아도 종국엔 사랑스러운 존재로 창조하려는 욕구에 주로 끌렸다. 해리엇을 놀라울 정도로 자율적인 존재로 재현하고 나자 결혼으로 퇴장시킬 수 있게 된 인물은 피터가 아니라 해리엇이었다. 세이어즈는 피터 윔지를 퇴장시키지 않은 이유를 두고 "사라지지 않은 자기 보존 본능, 그리고 퇴장했던 셜록 홈스가 라이엔바흐 폭포에서 어설프게 살아돌아온 실례가 반면교사가 되어 골칫거리가 된 주인공을 매장할 수 없었기 때문이라고" 말한다. 그러나 이런 설명은 자신과 독자의 두 눈을 가리는 순전한 위장이다. 해리엇의 독립적 역할과 캐릭터가 온전히 펼쳐지자 세이어즈는 『버스운전사의 신혼여행』*Busman's Honeymoon*에서 해리엇을 여성과 아내의 적절한 자리로 돌려보내 제거해버린다. 결혼으로 밀려난 해리엇의 운명은 「탤보이」Talboy라는 단편에서 좀 더 묘사된다. 반면 피터는 늘 그랬듯 탐정 역할로 돌아와 신혼여행 중에도, 심지어 해리엇의 출산 때조차도 탐정 노릇으로 기분전환을 한다. 온전히 독립적인 여성을 창조하려는 세이어즈의 욕구는 어느 정도 채워진 셈이고 본인은 그걸로 만족했던 것이다.

해리엇 베인을 더 면밀히 살펴보자. 베인은 연인을 능가할 만큼 성장하자 연애에서 벗어나고 싶어 연인을 살해해 유기한다. 물론 은유다. 연인에 대한 그녀의 경멸은 너무도 사실적이고 "여자다움과 거리가 먼 나머지" 소설 『맹독』*Strong Poison*에서 해리엇은 연인을 살해했다는 혐의로 실제로 기소당한다. 남성 연인을, 남성이 그동안 여성 연인을 다루어왔던 것과 똑같은 방식으로 다룬 여성에게 사회가 당연히 내릴 법한 운명이다. 피터 윔지 경은 이상적 남성이라면 여성도 남성처럼 연인을 가질 권리가 있음을 흔쾌히 인정하기에 (당시의 통념과는 지극히 동떨어진 생각이다) 해리엇을 구하긴 하지만, 살인 혐의를 벗기는 게 아니라 여성답지 못한 행위를 했다는 혐의를 벗긴다. 그녀는 페르세우스 같은 구원자 역할을 하는 피터 윔지를 받아들이지 못하며, "상처받은 마음을 위한 최선의 처방은 많은 사람들이 생각하듯 남자의 품에 기대는 것이 아니라, 정직한 일, 신체 활동, 그리고 갑작스러운 부의 획득이다"라는 신념을 실행에 옮긴다. 해리엇의 이러한 행보에 대한 세이어즈의 묘사는 문학에서 독립적인 여성을 묘사한 내용 중 비판이나 재단이 전혀 없다는 점에서 가장 비범한 묘사일 것이다. 세이어즈의 독자들은 소설의 결말에서 당연히 피터 윔지 경과의 로맨스, 그리고 해리엇이 선언한 독립을 어쩔 수 없이 포기하는 마무리를 예상했기 때문에 해리엇의 행보가 얼마나 이례적인지 알아보지 못해 충격조차 받지 않았다. 해리엇은 동행 없이 혼자 돌아다니고, 옥스퍼드 대학교의 "사교" 활동에 별 관심을 두지 않으며, 탐정으로뿐 아니라 자신처럼 남자 품을 떠난 여성 학자들 및 동료들의 귀한 공동체의 일원으로 독립해 일한다. 게다가 해리엇은 등장하는 모든 소설에서 독립성을 과시하고, 제비족 같은 남자들 주변에서 파닥거리는 여성들, 아니면 남자들과의 관계에 목매는 여성들을 비웃으며, 하도 자주적이라 결혼이라는 게임에서 완전히 벗어난 듯 보이는 여성들과 친구로 지낸다. 아닌 게 아니라 해리엇은 과거에 누군가를 좋아했다는 이유로 계속 좋아하거나, 상대가 아프다는 이유로 좋아할 만큼 감상적이지 않으며, 거만하게 비친다 해도 괘넘치 않을 만큼 자신감 넘치는 시각과 온전히 방어할 수 있는 의견으로 똘똘 뭉쳐 있다. 게다가 그녀는 식당에서 혼자 밥을 먹는 행동의 장단점을 따지지 않고 아무렇지도 않게 혼자 밥을 먹는다. 심지어 오늘날에도 혼자 밥을 먹는 행동이 적절한지 아닌지 여부가 뉴욕 주요 신문의 논란거리로 등극하는데 말이다.

　내가 확신컨대 도러시 L. 세이어즈는 스스로 비범한 삶을 창조해낸 인물로서, 자신처럼 독립적 여성, 그리고 소위 여자다운 행실을 자신처럼 거부할 여성을 확실하게 창조해야 했다. 그러나 해리엇 베인을 창조하고 나자 다시 제거해야만 했다. 해리엇 같은 캐릭터를 창조한 것만으로도 충분히 특별하고 이례적인 성취다. 그녀를 처분하지 않고 두려면 기적이 필요했을 것이다. 여성들의 이야기는 항상 결혼과 아내 노릇과 어머니 노릇으로 끝난다. 해리엇 역시 예외가 아니었다. 피터를 퇴장시키는 서사는 난센스였다. 세이어즈는 피터를 처분하고 싶지 않았다. 피터를 처분하는 것, 그것은 해리엇이라는 인물을 창조하기 위해 자신과 남들에게 제시한 그녀의 핑계였다. 결국 피터를 처분하고 해리엇도 처분한 세이어즈는 피터를 통해 번 돈("갑작스러운 부의 획득")을 통해 다른 일로 옮겨 갈 수 있었다.

　세이어즈는 나이가 더 들고 유명해지면서 기독교 연구라는 "다른 일"에 착수했다. 흥미를 느꼈기 때문이다. 종교와 중세에 관해 세이어즈가 쓴 많은 저술의 중요성은 논란의 여지가 없다. 그러나 세이어즈의 가장 오래도록 기억될 업적이 피터 윔지 경, 그리고 그가 등장하는 장·단편 소설이라는 브라바존의 주장은 분명 옳다. 윔지 경이 등장하는 소설들은 대부분의 책들과 같은 이유로 명망을 유지할 것이다. 가장 큰 이유는 이 소설들이 즐거움을 준다는 점, 또한 재미라는 반짝이는 표면 아래 소설 속에 묘사된 사회를 향해 의문을 제기한다는 점이다. 한 사회를 옹호하는 일보다 미묘하게 전복하는 일이 더 어렵다. 그럼에도 불구하고 중년에 이르러 다른 작업에 몰두했던 세이어즈의 모험은 그녀의 삶이 거의 주목받지 못한 패턴을 따르고 있음을 다시 한번 드러낸다. 생애 초기 그녀는 "타락" 덕분에 의지로는 선택할 수 없었던 삶, 사회적 기대의 무게에 저항하는 삶을 살 수 있었다. 세이어즈가 중년에 삶의 방향을 바꾸었다는 사실은 여성들이 말년이 되면 일이나 삶의 강조점을 급격히 변화시킨다는 사실을 보여준다. 젊은 시절엔 사회의 기대를 거스르지 못한 여성들의 무의식에 감추어져 있던 용기가 나이 들자 표출되는 것이다. 윔지 경에 대한 세이어즈의 소설 작품은 1920년대 울프의 저작들처럼 세이어즈의 저작 중 늘 가장 인기 있고 가장 소중히 여겨지는 작품이 될 수 있다. 그러나 그녀가 말년에 보인 변화의 용기와 의의 역시, 소설만큼 인기가 없거나 가장 귀하게 여겨지지 않는다는 이유로 열등하거나 가치가 덜하다고 과소평가되거나 묵살당해서는 안 된다.

1943년, 세이어즈는 램버스 학위Lambeth Degree를 거절했다. 램버스 학위는 캔터베리 대주교가 주는 귀한 영예로, 신학 박사 학위를 거절한 것이다. 대주교에게 보낸 그녀의 편지가 공개되지 않은 관계로, 브라바존은 세이어즈가 이 엄청난 명예를 거절한 이유를 짐작할 수밖에 없었다. 그의 추측은 타당성이 있다. 아들의 출생이 사회 통념상 죄악이라는 점을 알고 있었던 세이어즈가 학위로 이 사실이 탄로 날까 두려워했으리라는 추측이었다. 이제 모든 사실을 알고 있는 우리는 여성으로서 그녀의 진정한 운명이

드러나는 지점이 그녀의 경건함이 아니라 소위 죄악 때문이라는 당연한 판단을 내린다. 분명 그녀의 삶은 쓰이지 않은 무의식적 이야기, 그리고 본인이 늘 흥미를 느꼈던 중세 및 기독교 연구를 향한 말년의 전환을 통해, 스스로 선택할 만큼 충분한 교육을 받고 실제로 선택을 할 만큼 용감무쌍했던 유능한 여성들의 숨겨진 다른 삶에 대해 가르쳐준다.

3.
아버지를 죽이는 딸

| 잠자는 미녀가 깨어날 때쯤이면 거의 쉰 살이 되어 있을 것이다.

··· 맥신 쿠민

20세기의 마지막 3분의 1, 즉 1970년대 후반이 되어서야 여성들은 자신의 삶을 지배해온 서사가 무엇인지 알아차리기에 이르렀다. 1923년과 1932년 사이에 태어난 여성 시인들은 여성들의 삶을 다루는 전기를 혁신했다는 평가를 받는다. 이들은 이전에는 말할 수 없었던 것을 표현하고 그걸 표현했다는 이유로 고통받은 세대였다고 볼 수 있다. 여성이 자기 삶의 진실을 쓸 때 받았던 제약을 처음 제거한 이들이 바로 당시의 여성 시인들이었다. 때론 시에서, 때론 에세이, 단행본, 그리고 인터뷰에서 이러한 제약들이 제거되기 시작했다. 모두 중산층이며 백인이었던 이 여성들은 과거를 해체하는 동시에 미래를 새롭게 상상했다. 이들은 자신의 분노를 인식하고 표현할 방법을 찾아냈다. 사실 훨씬 더 어려운 일은, 이들이 자신의 글이 남성들에게 불러일으킨 분노를 최소한 당분간은 감내해야 했다는 점이다.

내가 여기서 소설, 그리고 소설에서 구할 수 있는 새로운 여성 생애 서사의 걸출한 사례를 다루고자 했다면, 주로 흑인 여성 작가들의 작품을 다루어야 했을 것이다. 특히 토니 모리슨Toni Morrison과 앨리스 워커Alice Walker 같은 소설가들은 여성의 새로운 서사, 그리고 오래된 서사를 이해하는 새로운 방식을 다른 어떤 동시대 작가들보다 더 심오하고 눈부시게 발견해냈다. 이 책에서는 소설을 다루지 않기로 했기 때문에 이들의 소설을 분석할 순 없지만, 이들에 대해 이미 쓰였고 쓰이고 있는 뛰어난 비평들이 있다는 사실을 알림으로써 이 지면에서 다루지 못하는 잘못을 변명하려 한다. 내 글의 목적상 주목해야 할 중요한 점은 "내" 세대 시인들의 삶과 흑인 여성들의 삶 간의 차이다. 토니 모리슨은 이 차이를 아주 명료하게 밝힌다.

> 내게는 흑인 여성들과 백인 여성들의 글에 어마어마한 차이가 있는 걸로 보인다. 공격성은 백인 여성들과 달리 흑인 여성들에겐 새롭지 않다. 흑인 여성들에게는 둥지와 모험의 결합이 가능해 보인다. 흑인 여성들은 특정 영역에선 백인 여성들과 같은 식으로 갈등을 바라보지 않는다. 흑인 여성은 안전한 항구인 동시에 배이기도 하다. 이들은 주막이자 길이다. 우리 흑인 여성들은 두 가지 역할을 모두 수행한다. 우리는 두 장소와 두 역할이 상호 배타적이라고 생각하지 않는다. 이것이 백인 여성과 흑인 여성의 차이다. 백인 여성은 대개 남편을 떠나 세상으로 나가면 그걸 비범한 사건이라고 생각한다. 이들이 직업을 배제한 채 가정주부로서 얻는 혜택에 안주한다면 그것은 결혼과 직업 사이의 선택이지 둘 다를 선택하는 것이 아니다.[1]

모리슨의 언급에 따르면, "여성들이 남성과 다른 글을 쓰는 것이 아니라 흑인 여성들이 백인 여성들과 다른 글을 쓴다. 흑인 남성들이 쓰는 글은 백인 남성들과 크게 다르지 않다."[2] 내 생각에 1923년에서 1932년 사이에 태어난 백인 여성들이 백인 남성들이 할당해준 자리를 더 이상 받아들이지 않기 시작하자, 그들이 쓰는 글 또한 백인 남성들과 점점 더 큰 차이를 보이기 시작했다. 엘리자베스 폭스-제노비스Elizabeth Fox-Genovese는 "흑인 여성들과 지배적인 여성성 모델 사이의 격차"가 있다고 했지만, 두 여성의 인종 간 격차는 향후 세월이 지나면 여성성에 대한 백인 여성들의 시각 변화로 차차 줄어들 것으로 보인다.

내가 언급하는 백인 여성 시인들은 (나와 마찬가지로) 제2차 세계대전을 겪었다. 1924년생인 제인 쿠퍼Jane Cooper의 회상을 보자. "제2차 세계대전은 내 성장기를 지배한 전쟁이었다. 영국과 프랑스가 독일에 선전포고를 할 당시 난 열네 살이었다. 진주만 공격 당시엔 열일곱 살이었다. 히로시마와 나가사키에 최초의 원자폭탄이 투하되고, 평화 조약이 체결된 것은 내가 대학 4학년이 되기 직전이었다."[3] 우리 시대 여성들과 연애했거나 결혼한 남자들은 그 전쟁에서 싸운 세대였다. 맥신 쿠민은 전시 몇 년간을 아래 시의 한 연처럼 회고한다. 내가 기억하는 내용은 정확히 다음과 같다. 「결혼의 계보」The Archaeology of Marriage라는 제목의 시다.

> 그녀는 특히 체크무늬 옷을 입은 자신의 스냅 사진을 기억한다.
> 그는 하얀 해군 정복 차림이다.
> 그녀는 엘파소에서 보낸 금단의 주말을 기억한다.
> 금단의 주말이 옷장에서 드러나기 20년 전.
> 히로시마 직전,
> 나가사키 직전,

> 이들은 잔뜩 긴장한 채 국경을 넘나들었다.
> 남자는 3일짜리 위조 휴가증을 지닌 소위,
> 여자는 보스턴에서 온 명색이 처녀
> 남자에게 떠오르는 것은 더 거대하다.
> 그의 미래 전체가
> 도둑질한 주말로 압축된 듯한 느낌.
> 그는 내일이면 배를 타고 대규모 지상전에 나간다.
> 일본을 침공하겠지.
> 그러자, 죽는다는 생각만으로 그의 물건이 거룩하게 일어섰다.

같은 시에 맥신 쿠민은 내가 3장 앞머리에 인용한 구절을 써놓았다. "잠자는 미녀가 깨어날 때쯤이면 거의 쉰 살이 되어 있을 것이다." 다소 과장일 수도 있다—시인의 방식이 그렇다. 하지만 이 부분은 이 여성 시인들이 50세까지는 아니라도 중년에 이르러 놀라운 해체 작업을 시작했음을 알려준다. 이들은 모두 미국 시인들로 (출생 순서로 정렬하면) 다음과 같다. 데니스 레버토프Denise Levertov, 제인 쿠퍼, 캐럴린 카이저Carolyn Kizer, 맥신 쿠민Maxine Kumin, 앤 섹스턴Anne Sexton, 에이드리언 리치Adrienne Rich, 그리고 실비아 플라스Sylvia Plath다. 이 중 가장 어렸던 플라스는 해체의 시기를 넘기지 못하고 세상을 떠났다.

그리고 지금 여기, 사회과학에서 대조군이라 부르는 집단이 있다. 1976년 필립 애플먼Philip Appleman은 자신을 비롯한 많은 시인들이 그해에 50세가 된다는 것을 깨닫고는 「1926년생 시인들에게 보내는 설문」Questionnarie to the Poets of 1926이라는 유쾌한 파스티셰pastiche, 즉 여러 사람의 목소리를 패러디한 설문을 작성했다. 그리고는 1926년생 동료 시인들이 각자 대답했을 법한 방식으로 그 설문에 답을 했다. 열한 명의 시인들이었는데 그중엔 W. D. 스노드그래스W. D. Snodgrass도 있다. 스노드그래스는 섹스턴과 쿠민에게 큰 영향을 끼친 시인이다. (로버트 로웰Robert Lowell과 시어도어 레트키Theodore Roethke는 애석하게도 애플먼의 시적 목적에 맞지 않게 너무 일찍 태어나는 바람에 제외되었다. 연대기가 깔끔하지는 않다.) 서문 격인 애플먼의 시는 이렇게 시작된다. "릴케가 죽은 해에/ 태어난 당신들은 모두 / 죽음을 향해 가고 있다…." 그리고 「스노드그래스」라는 시의 도입부는 다음과 같다. "그럼 당신은 무엇을 기대했는가 / 해마다 더 젊어지기를? / 다른 모든 것이 시들어가고 / 누렇게 변하면 우리는 부활할까?"

바로 그 부활이 그 세대 여성들이 했던 일이다. 새롭게 부활해 그 너머까지 가는 것. 애플먼이 답을 대신했던 그 시인들은 엉망진창인 세계와 젊음의 상실이라는 슬픔을 얘기했지만, 누구도 과거를 해체하거나 미래를 재구성할 생각은 하지 않았다. 애플먼의 시에 나오는 남성들과 달리 그 시대의 이 놀라운 여성 시인들은 새로운 세상을 여는 중요한 분기점을 만들어냈다. 이들은 시라는 형식에 진술한 자전적 요소인 "고백적" 방식, 억압받지 않은 자전적 욕망을 표현할 형식을 발명해낸다. 지극히 직설적인 이 자전적 노력은 개인의 저항, 그리고 너무 쉽게 받아들여졌던 종속적인 여성에 대한 충격적이고 눈부신 각성을 드러내며, 이 각성은 20년 전이라면 상상조차 못했을 만큼 가감 없이 솔직하게 표현되어 있다. 한 가지 덧붙이자면, 실비아 플라스와 앤 섹스턴 같은 여성 시인이 개인의 삶에 대해 전례 없이 솔직하도록 소위 "허락"을 해준 것이 남성 시인 W. D. 스노드그래스와 로버트 로웰의 고백적 시라는 점은 마음에 드는 아이러니다. 처음에 이 남성 시인들의 본보기에 고무된 여성들은 자신의 이야기를 붙잡은 다음, 깨달음을 주는 동시에 충격을 가하는 직설적 방식으로 그 이야기를 하기 시작했다. 이 방식은 분명 제임스 디키James Dicky를 충격에 빠뜨렸다. 그는 1963년 『뉴욕 타임스 북 리뷰』*New York Times Book Review*에 앤 섹스턴의 시를 평하면서 이렇게 썼다. "육체가 겪는 비참하고 역겨운 측면을 섹스턴보다 더 집요하게 파고드는 작가는 찾기 어렵다. 마치 이렇게 다루면 글이 더 생생해지진다고 믿는 듯하다. 그리고 묘사에 있어서도 이 작가 이상으로 절망적일 만큼 차갑고 딱딱한 접근법을 구사하는 사람 역시 찾아보기 어렵다."[4]

최근 여성들의 자전적 에세이 모음집 두 권이 출간되었다. 하나는 어슐러 오언Ursula Owen이 편집한『아버지들: 딸들의 성찰』*Fathers: Reflections by Daughters*이고, 다른 하나는 캐럴 애셔Carol Ascher, 루이스 드살보Louise DeSalvo, 세라 러딕Sara Ruddick이 공동 편집한 『여성들 사이에서: 전기 작가, 소설가, 비평가, 교사, 그리고 예술가는 여성에 대한 자신의 작품에 대해 쓴다』*Between Women: Biographers, Novelists, Critics, Teachers and Artists Write About Their Work on Women*이다. 두 책은 무엇보다 삶에서 부모가 차지했던 역할에 대한 여성들의 인식이 얼마나 크게 달라졌는지 보여준다. 이 모음집에 글을 수록한 작가들은 "내" 세대 여성 시인들이 열어준 길을 따라, 여태껏 자신의 삶에 가해진 제약, 지금껏 스스로 묵묵히 수용했던 제약을 새롭게 자각해 조명한다. 무엇보다 이들은 부모, 여자 또는 남자 형제들을 예리하게 분별하고 통찰한다. 이 에세이들로부터 일반화할 수 있는 내용은, 조금의 과장도 없이 말해, 대개 여성 작가들의 기억에 따르면 아버지들이, 가부장제 대표로서 여성들이 새로운 자각을 싹 틔울 때 중심축으로 등장한다는 점이다. 어머니들은 여성 작가들의 변화에 뚜렷한 역할을 담당하지 못한다. 간혹, 개인적 관계가 없는 다른 여성, 대체로는 이미 고인이 된 여성 멘토나 유명인사가 아버지에 맞서도록 저항을 강화하고 각성을 독려하기도 하지만 이는 드문 예다. 어머니는 여성 작가가 각성한 이후 애정으로 수용하는 관계가 되기도 되지만, 아버지로부터 해방될 수 있도록 돕는 역할을 하지는 않는다. 어머니는 각성하지 못한 딸들을 그저 방치한다.

각성한 페미니스트에게 아버지라는 존재는 한 점의 흐릿함도 없이 너무나 확고하게 가부장제를 대표했기 때문에, 1983년 실라 로보섬Sheila Rowbotham은 아버지들마다 개인차가 있었다는 점을 변호해야 할 필요를 느꼈다. "우리는 막연하게 정의된 '가부장제'라는 추상 개념을 다루는 게 아니라, 실제 남성들에 관해 말하고 있기 때문에, '남성성'과 '부성', 그리고 이 둘을 향한 우리 여성들 내면의 모순된 욕구와 복합적이고 복잡한 이미지들이 드러나기 시작했다. 아버지라는 존재와 딸은 아무리 고통스러워도 어쩔 도리 없이 연결되어 있기 때문에 단순히 관념적으로 아버지를 '적'으로 대상화하거나, 단순한 '타자'로 대상화하기가 불가능했다."[5] 이런 언명을 보면 여성 자서전 작가들이 아버지를 용서하거나 최소한 아버지를 이해하는 단계에 도달한 것처럼 보이나, 그렇다고 여성들이 아버지라는 존재와 화해하는 데 커다란 어려움을 겪었다는 진실이 가려져서는 안 된다. 맥신 쿠민의 말대로, 아버지를 다룬 시는 "내가 써본 가장 어려운 시"였다. 그녀는 아버지에 관해 쓸 때 처음부터 음절과 각운을 맞추려 무진장 애를 썼다. 음절과 각운이라는 형식이 그녀와 시의 소재인 아버지 사이를 분리시킬 방어막이었기 때문이다. "나는 그 정도로 아버지에 대한 시를 쓰기가 두려웠다."[6]

쿠민이 기술한 대로, 아버지와의 관계를 분석하는 작업에 대한 이러한 두려움은 아버지와의 관계를 직시하는 것이 최근까지도 여성의 자아실현을 위한 유일한 길이었다는 점을 인정하는 것이다. 에이드리언 리치의 말대로 "어머니를 보완하기보다는 대체하는 아버지의 양육은, 어머니의 부재 이유가 무엇이든 간에, 어머니를 희생시켜 아버지를 **사랑해야 한다는** 면에서 고통스럽다."[7] 한 발 더 나아가 『여성들 사이에서』에 수록된 에세이들은 여성이 자아를 실현하고 뭔가 성취하기 위해 만나게 되는 역할 모델이 결국 죽은 여성이었다는 점(이 책에 실린 거의 모든 에세이에서 그러하다), 그나마 그런 모델을 찾을 수 있게 된 것도 기고한 작가들의 나이가 입증하듯, 지금 이 순간 퍼져 나가고 있는 페미니즘 운동의 독려 덕분이라는 점을 보여준다. 죽은 이 여성들이 없었다면, 그리고 홀로 외롭게 유영하는 여성을 지탱해주는 페미니즘의 흐름이 없었다면 여성 모델을 발견하고 활용하기란 불가능했을 것이다. 맥신 쿠민은 이렇게 쓴다. "나는 1950년대라는 소위 암흑기에 나 자신이 누구인지—아내, 딸, 어머니, 대학 강사, 수영을 즐기고 말을 사랑하는 사람, 은둔자이자 충돌하는 감정들로 들끓는 압력솥 같은 존재—도 제대로 모르면서 시를 쓰기 시작했다."[8]

에이드리언 리치의 자서전은 단행본 한 권이 아니라 시들과 다채로운 산문의 형태로 발견되었지만, 리치는 다른 누구보다 여성의 자서전을 혁명적으로 바꾸어놓았다. 리치는 자신의 정체성을 새로운 방식, 자신이 속했던 산뜻하고 질서 정연한 세계에 위협이 될 것이 분명한 방식으로 규정하기 위해 되풀이해 시도했던 과정을 기록한다. 그녀가 벌인 가장 근원적인 투쟁은 자신을 시인으로 인정하는 것이었다. 리치가 자신을 시인으로 인정한다는 것은 그녀의 시가 여성이 쓴 글이고 정치적이고

공격적이라 간주된다는 이유로, 그녀가 시에서 말해야만 한다고
느낀 내용의 가치가 평가절하당하지 않는다는 뜻이었다. 리치는
자신이 속한 계급과 세대의 다른 모든 이들과 마찬가지로,
"보편적 비전"을 대변한다고 우리가 확신했던 시 선집들을 읽으며
성장했다. "나는 시인들이 어떤 초월적 권위의 영감을 받았고,
뭔가 비범하게 높은 곳에서 발언을 한다고 여전히 믿고 있었다."
리치는 여성으로 태어났지만, "시라는 것이―그리고 시를 지을
가능성까지도―진정으로 보편적인, 다시 말해 젠더 중립적인
영역이라 믿고 그렇게 행동하려 노력했다. 남성 패러다임의
우주에서 나는 당연히 여성, 섹슈얼리티, 권력에 대한 남성
시인들의 주관적 관념을 흡수했다." 물론, 그 후 그녀는 자신이 쓴
글, "즉 남성이 아니거나 백인이 아니거나 이성애자가 아니거나
중산층이 아닌 관점에서 쓴 시 비슷한 글"이 정치적 칼을 갈고
있다고, "증오로 가득하고" "지나치게 사적"인 글이라고 욕을
먹었다.⁹

리치는 시와 에세이라는 장르를 모두 활용해 에밀리 디킨슨Emily
Dickinson부터 비극적으로 죽은 러시아 여성 등반대까지 자신보다
먼저 살다 간 여성들에 관해 썼다. 그러나 그토록 애정을 기울여
이 여성 선배들의 전기를 쓰는 동안에도, 정작 리치가 화해해야
했던 사람은 아버지였다. 그녀의 자서전이 궁극적으로 맴돌던
지점은 결국 아버지라는 인물이었다. 그리고 울프와 마찬가지로
리치 역시 쉰 살이 넘어서야 마침내 글을 통해 아버지와 화해하고
자신의 정체성을 규정한다. 그녀는 자신의 여생 내내 "내 정체성의
모든 측면과 직면해야 한다는 것, 그 측면들에는 복종하는
대가로 특권을 챙기라고 배운 중산층 백인 젊은 여성, 이성애자
비유대인으로 길러진 유대인 레즈비언, 흑인 민권 투쟁에서

명명하고 분석한 압제라는 단어가 무엇을 뜻하는지 처음 접한 여성, 세 아들을 둔 어머니, 남성 폭력을 혐오하는 페미니스트, 지팡이를 짚고 절뚝거리는 여성, 월경이 끝나 출혈이 중단된 여성까지도 포함되어 있다는 것"을 알고 스스로 정체화했다.[10]

20년 전만 해도 이렇게 글로 자신을 정의하는 여성을 그 누구도 상상하지 못했다. 이런 언설을 대놓고 드러낼 뿐 아니라, 사력을 다해 요구하기까지 하는 새로운 자서전을 가장 생생히 보여주는 인물이 바로 에이드리언 리치다.

리치는 주요 저서, 심오하고 충격적인 『더 이상 어머니는 없다』 Of Woman Born를 집필할 때부터 자서전 형식의 산문을 쓰기 시작했다. 이 책에서 보이는 리치의 솔직함, 즉 여성은 때로 자식을 미워하며 심지어 죽일 생각까지 한다는 것을 인정한 언명은 첫 리뷰를 했던 여성들에게 어마어마한 충격을 안겼고, 그 탓에 리뷰 전에 제안받았던 책의 홍보와 매체 노출을 대부분 거절당했다. 리치는 책의 도입부에 이렇게 쓴다. "내가 보기에 이런 종류의 책을 쓰는 일은 대개 자서전 형식을 띠지 않고는, 다시 말해 '나는'이라는 표현을 자주 쓰지 않고는 애초에 불가능하다. 그럼에도 나는 여러 달 동안 역사 자료를 연구하고 분석하는 데 몰두하며 내 삶의 고통스럽고 복잡한 측면에 빠져드는 일을 지연시키거나 대비하려 애썼다."[11] 여기서 리치는 전에도 그랬듯 여성이 본인의 "사적이고 대개 고통스러운 경험을" 공유할 때만 비로소 세계를 진실하게 묘사하고 서로에게 해방과 격려를 줄 수 있다는 신념을 피력한다. 이후 이런 글을 고백적이라며 폄훼하려는 시도가 있었음에도 불구하고 일레인 쇼월터Elaine Showalter 같은 페미니즘 이론가는 이런 여성적 글쓰기 방식을 굳건히 옹호했다. 쇼월터의 견해는 다음과 같다. "흐르는 듯 유려한

이 고백적 비평에 비해 엘리자베스 하드윅Elizabeth Hardwick과 수전 손택Susan Sontag 같은 작가들의 지성, 입을 꾹 다문 올림피아 신들 같은 권위조의 지성은 지나치게 건조하고 억지스러워 보일 수 있다."[12] 그뿐 아니라 하드윅과 손택의 글은 자기 보호적이며, 거리 두기와 사심 없이 공평해 보이는 그 태도에서 남성적 글쓰기 모델에 너무 쉽게 순응하는 듯 보일 수 있다고도 썼다.

『더 이상 어머니는 없다』에서 리치는 숨겨진 진실을 수도 없이 밝혔다. 가령 자신의 생애 전체에서 죄책감을 느끼지 않았던 유일한 때는 누가 보더라도 임신한 게 분명해 보이던 때뿐이었다는 것, 또 어린 시절 "남자" 꿈을 꾸던 수많은 여성들처럼 자신도 아들을 낳고 싶어 했고, 마침내 "완벽한 금빛 남자아이"를 낳았을 때 딸만 낳은 자기 어머니를 이긴 느낌이 들었다는 것, 또 남편의 "외조"가 1950년대에 특별했던 건 맞지만, 그럼에도 불구하고 사회적 경력을 챙긴 것은 단연코 자신이 아니라 남편이었다는 것, 오직 가사의 책임과 주도권만이 자신의 것이었다는 것이다. 그녀는 그 시절 일기에 썼던 내용들을 전한다. 절망, 결단, 자기혐오, 분노, 피로, 수없이 흘린 눈물 등 수많은 여성의 일기에 두드러지게 나타나는 감정과 같다. 그러나 리치는 어린 시절의 절망을 "인간 보편의 조건"으로 치부하려 들지 않았다. 리치가 목도한 대로 "인간의 조건을 두고 이러쿵저러쿵 말이 많은 사람들은 대개 성별로건 인종으로건 굴종이나 억압을 가장 크게 면제받는 자들이다."

그 무렵(1976년) 리치의 시는 개인적 사정을 시로 드러내기 주저하는 장벽, 그리고 여성 시의 자전적 요소를 참아주지 않는 불관용의 장벽을 이미 돌파했다. 당대 남성 시인들, 특히 로버트 로웰과 W. D. 스노드그래스가 이미 같은 길을 택한 바 있다. 그러나 개인적인 것을 금지하는 T. S. 엘리엇의 시풍[15]에 반기를 든 것은 주로 리치 세대의 여성 시인들—플라스, 섹스턴, 쿠민, 카이저, 쿠퍼, 레버토프—이었다. 이 여성 시인들—플라스와 섹스턴과 쿠민은 확실하다—은 리치처럼 숨겨두었던 자신의 분노와 경험, 죄의식과 고통을 시가 아닌 다른 장르에서도 탐색하기 시작했다. 소설과 인터뷰와 편지 모두 이 탐색 욕망에 복무했다. 그러나 아버지에 대한 에세이를 통해 새로운 여성 자서전 형식을 산문으로 구현한 작가는 리치가 유일하다.

「뿌리에서 갈라지다」Split at the Root라는 에세이를 쓰는 작업은 리치에게 "공포와 수치심 가득한 위험천만한 행위"였지만 그럼에도 불구하고 절실했다. 리치의 표현을 액면 그대로 받아들이는 편이 좋다. 여성들의 자서전이 이루어낸 큰 도약은 리치 같은 여성들의 큰 고통과 용기가 없었다면 불가능했을 것이다. 아버지에 대한 리치의 설명에서 중심을 차지한 내용은 그녀가 여성뿐 아니라 유대인의 정체성까지 부정당했다는 사실이다. 비유대인들에게 유대인임을 용서받을 정도로 철저히 비유대인이 되는 "패싱"passing에 가까운 아버지의 굳은 신념은 아버지에 대한 리치의 주요한 기억이자 분노다. "충분히 우수하면 네가 유대인이라는 사실을 별 것 아닌 걸로 만들 수 있다. 너는 비유대인 세계에 통합된 유일한 유대인이 될 수 있다. … 나는 (유대인을 적대시하는 편견에) 저항하는 법은 단 한 번도 배운 적이 없다. 내가 배운 것은 오직 패싱뿐이었다." 패싱이란 올바른 종류의 유대인, 즉 "성취와 열망과 천재성과 이상주의의 모범을 보이는 유대인이 되는 것이었다. 무엇이건 받아줄 수 없는 행동이나 생각은 유대인이라서 그렇다는 식으로 치부당하거나, 교육받지 못하고 공격적이며 시끄러운 '옳지 못한 부류의'

유대인이라고 배척당할 이유가 됐다."[14]

리치는 가족과 연을 끊기 위해 "진짜 유대인"과 결혼했다. 신교도인 어머니를 거부하는 동시에 아버지를 너그럽게 바꾸기 위해서였을 것이다. 덜 직접적인 이유도 있을 것이다. 의문이나 문제를 제기하지 않고 남성의 세계에 들어가려고 아버지들이 애쓸수록 자신들의 딸들을—재능 많고 용감한 아이들이라도— 여성성의 굴레에 가두게 된다는 것을 리치는 암시했다.

앤 섹스턴은 한 인터뷰에서 다음과 같이 설명한 바 있다.

> 나는 스물여덟 살이 될 때까지 화이트소스를 만들고 아기 기저귀를 가는 것 외에 뭔가 할 수 있다는 것을 모르는, 이를테면 매장된 자아를 갖고 있었다. 나는 내게 창조적 깊이가 있다는 것을 몰랐다. 나는 아메리칸 드림, 부르주아 중산층의 꿈에 희생당한 피해자였다. 내가 원하는 것이라고는 삶의 작은 조각, 결혼해서 자식을 낳는 것뿐이었다. 악몽, 환상, 악마도 내게 이것들을 진압할 사랑만 충분하면 사라지리라 생각했다. 나는 가능한 한 전통적인 삶을 살려 끔찍하게 노력했다. 왜냐하면 나는 그렇게 양육되었고 내 남편이 내게 원하는 바도 그것이었기 때문이다. 그러나 작고 하얀 울타리를 친다고 악몽을 쫓아낼 수는 없다. 스물여덟 무렵이 되자 표면에 금이 가기 시작했다. 나는 심리적으로 무너졌고 자살을 기도했다.[15]

이 구절의 의의는 이것이 여성들이 전에는 말할 수 없었던 진실이라는 점에 있다. 다이앤 미들브룩Diane Middlebrook은 이 외에도 두 가지 다른 점을 명확히 지적했다. "섹스턴은 가정을 자기를 구속하고 무력화하는 공간으로 경험했다는 것", 그리고

그녀가 죽음이라는 방식을 통해 그곳에서 탈출했다는 것이다.[16]
섹스턴과 플라스에게 자살은 삶과 떨어질 수 없는 요소가 되었다.
폭력적 행위는 부활과 진실에 절실한 행위였다. 캐럴린 카이저의
말대로 "사포 Sappho에서 나 자신에 이르기까지 여성들의 운명을
생각해보라. / 그걸 논하는 일은 여자다움과 얼마나 거리가 먼가!"

카이저는 또 이렇게 쓴다. "백인 남성들은 자유의지를 놓고
예의 바르게 논쟁해왔다. 우리는 자유의지를 달라고 울부짖었다."
그러나 카이저가 인식하듯, 우리는 여전히 "세상에서 가장 잘
지켜진 비밀 / 그저 사적인 삶이라는 별것 아닌 비밀을 지키는 인류
절반의 수호자."(「여성 옹호」Pro Femina에서).

20년 전까지 여성의 사적인 삶은 세계에서 가장 잘 지켜진
비밀이었고 여성들은 그 비밀을 지키는 최선의 수호자였다.
그리고 남성을 위해 말하는 대변자였다. 루이즈 보건 Louise Bogan은
1920년대 초 이렇게 썼다. "여성들의 내면에는 황야가 없다 / 대신
절약하며 실속을 차린다 / 자신의 마음 속 좁고 뜨거운 감옥에
흡족해하며, / 먼지 덮인 빵을 먹는다." 섹스턴과 쿠민과 리치와
플라스, 그리고 다른 여성 작가들이 좁고 뜨거운 감옥을 뛰쳐나와
새로운 형식—여성의 진실—을 창조할 때까지 보건의 말은
옳았다. 다이앤 미들브룩은 섹스턴의 "예상치 못한 빠른" 성공을
두고 이렇게 평했다. "대부분의 작가들처럼 [섹스턴의 성공] 역시
재능과 고된 노력과 시의적절한 행운의 결합으로 이루어졌다."

그렇다, 시대가 도왔다. 여성들은 요구하면 안 된다고, 요구는
불합리하다고 수천 년간의 세월이 말해왔던 것을 거부하고 요구할
용기를 찾아냈다. 쿠민이 쓴 바대로, "나는 이 상실의 역사에
넌덜머리가 난다 / 어떤 북을 두드려대야 당신들에게 도달할 수
있겠나? / 합리적이 된다는 것은 / 빛을 꺼버리는 짓 / 합리적이

된다는 것은 포기해버리는 것이다."(「9월 22일」September 22에서).

제인 매케이브Jane McCabe는 말한다. "분노를 통과한 진실은 단순해 보인다." 우리는 그 진실을 모조리 알고 있다. 1960년대까지 여성들은 단순한 진실을 볼 정도로 충분히 분노하지 않았나 보다. 단순한 진실이 복잡한 진실보다 늘 앞서야 한다. 플라스는 인생 말년에 그 진실을 보았다. 시는 마치 계시처럼 그녀를 압도했다. 처음으로 그 세대 시인들의 내면에 활용할 만한 분노, 자신을 향하지 않는 분노가 존재하게 된 것이다. 유대인이었던 쿠민과 리치는 그 분노를 유대인이라는 정체성, 한나 아렌트Hannah Arendt의 말로 바꾸면 "우리의 역사를 알지 못하면 우리 집단의 운명이 개인의 운명인 듯 살 수밖에 없다"는 것을 인식하지 못한 상태와 연계시킨다. 아렌트는 이 교훈을 여성에게 적용한 적이 없다. 그녀는 "자기 마음의 좁고 딱딱한 감옥"에서 예외적인 여성이 되는 데 만족했다. 그러나 내가 여기서 칭송하는 여성 시인들은 자신이 개인의 운명으로 역사를 살고 있음을 깨달았다. 유대인들은 특히 통렬하게 깨달았을 교훈이다. 플라스가 유대인이 아니었음에도, 자신을 상징적 의미에서 유대인으로 여겼다는 점을 떠올리자. 플라스가 자신을 유대인과 동일시했던 것은 어빙 하우Irving Howe가 오해했듯 겪어본 적 없는 고통을 이해한다고 주장하려는 것이 아니라, 자신의 고통이—울프가 세상을 떠나기 불과 몇 년 전에 우리에게 말했듯— 파시즘의 폭력과 연계되어 있다는 것을 인식하려는 태도였다.

옛 방식의 "자서전"에서 여성들은 다른 여성을 향한 사랑을 절대로 언급하지 않았다. 그 사랑은 다양하며, 모든 여성을 포함할 만큼 넓고, 한 여성에게 평생 동안, 혹은 열정이 살아 있는 특정 기간 동안 집중할 만큼 좁다. 나는 현 페미니즘

운동의 성공은 이 사랑, 다시 말해 오직 여성들과 동일시하되 같이 고통 받는 여성으로가 아니라, 공적 영역에서 성취를 일군 동료이자 투사로서 이들과 깊이 느끼는 동일시 감정에 달려 있다고 확신한다. 우리가 논의해온 시인들 중 일부는 결혼했다가 이혼했고(섹스턴, 리치, 플라스, 카이저), 혹은 결혼 관계를 유지하면서 관계를 재규정했거나(쿠민), 아예 결혼하지 않았거나(쿠퍼), 여성에 대한 사랑과 의무적 이성애의 공포를 발견했거나(리치), 아니면 우정을 발견했다(쿠민과 섹스턴). 그러나 무엇보다 이들은 여성을 "우리"로 생각했다. 이들은 서로를 사랑했고 존중했으며, 서로의 운명을 공유하고 인정했다. 이들은 여성들이 홀로 존재할 수 없었다는 것, 주변의 남성들과의 관계를 통해서만 규정될 수 있었다는 것을 깨달았다. 이들은 자신이 어디에 있건, 심지어 백악관(아니면 다우닝가 10번지)에 있어도 다른 여성들이 동등한 동료로 있어야 한다는 것을 배웠다. 섹스턴과 그녀의 친구 로이스 에임스Lois Ames는 "놈들에게 승리를 안기지 말라"라고 새긴 금메달 모양의 목걸이를 걸고 있었다. 이들은 이 슬로건을 함께 선언하기로 뜻을 모았다.

    이 세대의 과제는 미래를 상상하기보다 과거를 해체하는 것이었다. 그러나 리치는 미래를 상상하려는 시도를 멈춘 적이 한 번도 없다. 그녀는 이렇게 쓴다. "나는 여성들이 생존할 사명 … 그리고 온전한 인간이 될 사명이 있다고 생각한다. 나는 이렇게 해야 세상을 구원할 수 있다고 믿는다. 남성이 만든 혼란을 뒤치다꺼리하는 사명이 여성에게 있다고 생각하지 않는다. 나는 세상을 구하는 일을 우리—즉, 모든 여성—이 스스로 이루어야 한다고 생각한다. 내가 여기서 말하는 모든 여성은 백인 여성, 중산층 여성, 서양 여성 따위 일부 좁은 의미의 제한된 개념이 아니다."[17]

몇 년 전 리치는 "우리가 말했던 도약", "나의 세대"가 했던 도약에 관해 썼다. 그러나 그 후 리치는 자신이 그 도약을 "도약이 아니라 / 짧고 놀라운 순간들의 연속으로 / 각 순간들이 그 다음 순간을 가능케 하면서" 살아왔다는 것을 깨달았다. 그리고 「가능한 것」What Is Possible이라는 후기의 시에서, 우리가 물려받은 철학 언어로는 우리 스스로 미래를 기술할 수 없다는 것, 심지어 이런 미래의 비전이 예견한 바를 소망조차 할 수 없다는 것을 이해하게 된다.

> 정신이 맑다면
> 그리고 단순하다면
> 이 구체적인 상태를 붙잡아
> 말할 수 있을 텐데
> 이것은 내가 선택해 내가 살고자 하는 방식이다.
> 이것은 가능하다… 라고
> 그러나 이 모든 것을 상상하는 여성의 정신은
> 이 모든 것을 가능하게 해주는 그 정신은…
> 회한을 쉽게 벗어나지 못한다.
> 인간의 정신을 유명하게 만들거나
> 만들었던 기적을
> 제대로 다루지 못한다.
> 여성의 정신은 마음대로 추상적이고 순수해지지 못한다.
> 이 여성의 정신은
> 심지어 추상과 순수라는 기적을 발휘할 의지조차 내지 못한다.
> 세상에 다른 소명이 있기 때문이다.

1972년, 앤 섹스턴은 『아둔함의 서』*The Book of Folly*라는 시집을 친구인 맥신 쿠민에게 헌정하면서 이렇게 썼다. "친애하는 맥스— 지금부터는 우리 세상이야." 이전에 여성들은 서로에게 이런 말을 하지 않았다.

나는 "내" 세대의 범위를 내가 논했던 가장 젊은 시인인 플라스까지로 정했다. 가장 젊은 플라스에게도 제2차 세계대전은 심오한 은유의 원천이었기 때문이다. 범위를 과거로 더 넓혔더라면 엘리자베스 비숍Elizabeth Bishop, 그웬돌린 브룩스Gwendolyn Brooks, 메이 사튼, 루이즈 보건, 뮤리얼 루카이저Muriel Ruykeyser 같은 다른 중요한 여성 시인도 포함시켰을 것이다. 내가 정의하기로 선택한 세대의 시인들에게서 나는 심오한 단절을 본다. 내 세대 시인을 플라스까지로 한정한 선택은, 기간을 2년만 더 연장했다면 (1934년생인) 오드리 로드Audre Lorde를 포함시킬 수도 있었다는 점 때문에 옹호하기 어려울 수 있다. 하지만 오드리 로드가 제2차 세계대전 세대에 속하지 않는다고 생각한 이유는 로드와 그녀의 인생과 작품이 다른 패턴과 영향에 집중하고 있기 때문이다. 가령 백인 여성들은 연대 문제나 정전의 협소함 때문에 접근할 수 없었던 흑인 작가들의 작품*, 아프리카 작가들과 서사가 로드에게 끼친 영향, 그리고 로드가 과감하고 노골적인 발언을 통해 내 세대 여성들에 비해 우리와 똑같은 투쟁 없이 더 빨리 더 날카롭게 정체성을 주장할 수 있었다는 점 등이 바로 다른 부분이다. 로드는 자신을 "흑인 레즈비언 페미니스트 전사 시인"으로 선포했다. 자기 자신이 되려는 그녀의 투쟁은 백인 중산층 여성의 투쟁과 달랐다. 그녀는

백인 여성 시인이 그리스나 기독교의 여신을 생각하는 것보다
훨씬 더 아프리카 여신들이 (자신에게) 힘을 실어준다고 생각했다.
물론 다른 흑인 여성 작가들 또한 아프리카 여신에 관해 썼다.

> 나는 비난에 개의치 않고 말한다.
> 내가 지나치게 여자답거나 지나치게 여자답지 못하다는 비난
> 내가 지나치게 흑인이거나 지나치게 백인이라는 비난
> 혹은 지나치게 나 자신이라는 비난에 신경 쓰지 않는다.
> 그리고 내 입술을 통해 나오는 목소리는
> 우리 조상의 영혼의 목소리
> 우리 사이에서 살아 움직이는 조상들의 목소리다.
> 그리고 또한,
> 나는
> 온전한 흑인이며, 나의 목소리는
> 지구 저 깊은 심부에서 나온다.
> 열림에는 다양한 형태가 있다.
> 다이아몬드가 불꽃이라는 매듭을 통해 단단해지듯
> 음향이 말하기 위해 대가를 치르는 사람에 의해 채색되어
> 말이 되듯
> ....
> 사랑은 언어, 또 다른 종류의 열림이다.

* 심지어 흑인 작가들의 작품은 흑인들조차 접근하기 힘들었다. 앨리스 워커는 대학에 들어가서야 비로소 조라 닐 허스턴Zora Neale Hurston에 대해, 심지어 이름조차 처음 들었다고 전한다. 미시시피주 잭슨 주립대학교에서 들었던 흑인 작가들에 대한 강의에서도 흑인 여성 작가들은 "유명한 흑인 남성 작가들로만 이루어진 목록의 부록, 입으로만 언급하는 각주에 불과했다. 흑인 여성 작가들도 문학성 면에서 남성 작가들에 결코 뒤지지 않았는데도 말이다.

다이아몬드가 불꽃의 매듭을 통해 단단해지듯
나는 지구의 깊은 내부에서 나왔기 때문에 검다.
이제 나의 말을 열린 빛 속의 보석으로 내놓는다.

『암 일기』The Cancer Journal를 쓸 무렵, 로드는 질병, 희생자이자 생존자로서의 여성, 그리고 여성 간의 우정이라는 유일한 구원의 은총에 대해 쓰면서, 인종, 국적, 혹은 계급의 경계를 넘어 **자기 세대 여성들을 위해 목소리를 낸다**. 여성 간의 우정은 이 세대 흑인 여성 작가들에 의해 처음, 가장 강렬한 텍스트로 표현되었다. 토니 모리슨은 이렇게 말했다. "여성들 간의 우정은 특별하고 남다르며, 『술라』Sula[18] 이전에는 소설의 중요한 주제로 기술된 적이 한 번도 없다."[19] 여성들 간의 우정은 오드리 로드와 그녀 세대의 저작 이전에는 여성 생애의 주된 초점으로 자전적 저작에서 다루어진 바가 없다.

4.

결혼을 다시
정의할 수 있을까?
아니, 그럴 필요가 있을까?

> 여성이 돈키호테 역을 맡으면, 돈키호테는 돈키호테가 아니다.
> 여성이 주인공이 되면, 환상에 사로잡히는 특별한 이야기는 그저
> 일상이 된다.
>
> ⋯ 레이철 브라운스타인

미스 (메리 러셀) 미트퍼드(Mary Russell Mitford)는 결혼했으면 좋지 않았겠느냐는 질문을 받자 이렇게 대꾸했다. "아뇨, 난 윤택하고 정상적인 삶을 바란 적이 단 한 번도 없어요." 결혼 생활의 기쁨에 대한 이 쾌활한 부정은 아이비 콤프턴-버넷Ivy Compton-Burnett과 평생 동안 그녀의 동반자였던 마거릿 주르댕Margaret Jourdain이 결혼을 거부한 이유를 설명할 때 했던 말을 인용한 것이다. 힐러리 스펄링Hilary Spurling 역시 두 사람을 언급하면서 한 발짝 더 나아가 이렇게 주장했다. "중년은 이 둘에게 아주 꼭 들어맞았다. 두 사람 다 생전 처음으로 자신들 이외에는 아무도 만족시키지 않아도 되는 정연하고 몹시 즐거운 존재 방식에 도달했다."[1]

"자신들"이라는 낱말에 주목해보자. 결혼이라는 관계 형식은 대부분 남성에게 잘 맞았고, 여성에게 맞는 점이 있다면 자율성을 포기하는 대가로 제공받는 보상에 만족했기 때문에 그리 보였을 테다. 두 여성이 중년이라는 사실 역시 눈여겨보자. 결혼이 스스로

재탄생했다는 징후, 다시 말해 결혼 관계가 부부 두 사람의 자율성을 허용할 만큼 충분히 유연해졌다는 징후는 당사자들이 중년에 이르렀을 때 나타난다. 여성의 성적 매력이 눈에 띄게 줄어들거나 사라지고, 남성이 아내인 여성에게 의리와 너그러움뿐 아니라 기쁨, 그리고 함께할 인생에 대한 기대까지 느끼는 시기가 중년이기 때문이다. 존중은 하지만 격정을 느끼지는 않는 중년에 이른 남성과 여성은, 예순 살에 가까워진 버지니아 울프처럼 말할 수 있게 된다. "남편이 나와 결혼해주었다는 것이 뿌듯해 뭉클해진다." 이런 남성들과 여성들이라면 전통적인 결혼의 통념을 넘어 결혼을 재탄생시켰다고 할 수 있겠다.

결혼은 여성들을 가두고, 여성의 삶을 기록하는 사람들을 호도하는 가장 영속적인 신화이다. 앤절라 카터Angela Carter는 "순결한 처녀가 남성을 구원한다는 신화부터 치유와 화해를 담당하는 어머니의 신화까지, 여성에 대한 온갖 신화는 여성을 위로하기 위한 허튼소리에 불과하다. 여성을 위로하기 위한 허튼소리야말로 내게는 신화의 공정한 정의 같다"[2]라고 썼다. 카터가 여기서 결혼을 언급하진 않지만, 처녀성과 모성은 둘 다 결혼한 여성을 규정하고 가둬버리는 특성이다. 자식이라는 구심점이 없는 결혼생활, 남편과 아내가 서로를 지지하는 결혼생활은 대부분의 전기 작가들이나 여성들의 상상력에 존재하지 않았다.

결혼을 선택하지 않거나, 혹은 비혼을 선택할 기회를 바랐던 여성들은 늘 있어왔다. 결혼하지 않은 여성들을 둘러싼 가장 꾸준한 착각 중 하나는 남자를 찾지 못했거나, 아니면 남자를 찾았으나 결혼까지 할 정도로 매혹시키지는 못해서 결혼을 못했다는 것이다. 1986년 12월 『뉴욕 타임스』에 실린 「미국 여성들은 왜 좀처럼 결혼하지 않는가」Why Few American Women Marry라는 제목의 기사가 이런 식의 착각을 반영한다. 그 이전에 미국인의 결혼 패턴에 대한 연구 보고서가 「혼기를 놓친 30세의 여대생들」, 「기다리는 여자들에게 '미세스' 학위는 없다」, 「꾸물대는 여자는 결혼 꿈만 꿔」 따위의 헤드라인으로 보도되었다고 연구자들은 토로했다. 닐 베넷Neil Bennet과 데이비드 블룸David Bloom은 이런 보도에 불만을 토로하면서 자신들의 통계에 반영된 주요 쟁점은 "여성의 지위가 더 이상 결혼 상대인 남성에 의해 크게 좌우되지 않는다는 것"이라고 주장하며, 자신들이 발견한 핵심인, 결혼이나 성별 역할을 재정의하는 문제를 논하고자 했다. "1950년대 중반에 태어난 여성 여덟 명 중 한 명은 결혼하지 않는다. 반면 그 전 세대 여성들 중 결혼하지 않은 여성은 스물다섯 명 중 한 명에 불과했다. 1950년대 태어나 대학교육을 받은 백인 여성 다섯 명 중 한 명은 결혼하지 않는다. 젊은 흑인 여성들의 경우, 대학교육을 받았든 받지 않았든 거의 3분의 1은 결혼하지 않는다. 간단히 말해, 오늘날 젊은 여성들의 비혼 비율은 인구사와 사회사를 새로 쓸 정도로 유례없는 현상이다."

연구자들은 결혼이 감소하는 현상 중 일부는 물론 자발적이지 않다고 언급한다. "그러나 결혼 패턴의 자발적 변화는 분명하고, 이는 여성들의 경제적, 사회적 독립 비율이 전보다 높아졌다는 점, 그리고 여성들이 모성이나 어머니 노릇에 대한 과거의 고정관념에서 벗어나고 있음을 보여준다. 그러나 불행히도 이 연구의 긍정적 측면은 지면에 나오기까지 꽤 오래 힘든 시간을 거쳐야 했다. 오히려 결혼하지 않은 여성이 급증한다는 전망이 언론에 나오자 큰일이라도 난 듯 귀청이 떨어질 정도로 경계 경보가 울려댔다. … 결혼을 미뤘던 여성들은 이제 결혼하긴 글렀다고 여겨 두려움을 느끼던 한편, 다른 여성들은 '이기적'이라는 비난, 미국이 가장 소중히 여기는 제도인 가족의 근간을 무너뜨린다는 욕을 들어야 했다."

프랜시스 스폴딩Frances Spalding은 (버지니아 울프의 언니인) 버네사 벨Vanessa Bell의 전기에 다음과 같이 썼다. "버지니아 울프는 누구라도 부러워할 만한 안정적인 결혼생활을 누렸던 반면 … 버네사는 인생 대부분의 시기를 교회나 국가에서 인정받지 못하는 관계를 맺으며 살았고 상대 남자와의 사이에서 사생아 딸을 낳았다." 스폴딩이 버네사를 "훨씬 더 혁명적"³이라고 부르는 이유는 이러한 관계 때문이다. 그러나 다른 한편으로 스폴딩은 버네사 벨이 혼외 연인이었던 덩컨 그랜트Duncan Grant에게 지나치게 헌신적인 나머지 그랜트의 젊은 남자 연인들까지 자기 집으로 기꺼이 받아준 에피소드를 기록했다. 아마도 스폴딩은 기존의 결혼과 비슷하게 돌아가지만 그렇다고 결혼이라고 부르기는 어려운 어떤 관계를 혁명적이라고 생각했던 모양이다.

그렇다면 결혼에서 진정으로 혁명적인 건 무엇일까? 예로부터 존재해온 남녀 한 쌍이 결합하는 방식을 고수하면서도 혁명이 가능할까? 여태껏 제대로 주목받지 못한 어떤 면을 전기 작가들이 더 면밀히 살펴야 할까? 아이비 콤프턴-버넷과 마거릿 주르댕의 경우 이상적 결혼에 대한 새로운 원형을 드러내는 듯 보인다. 하지만 이들은 둘 다 여성이다. 여성 둘은 우리에게 결혼의 패턴을 제시할 수 있을까?

1933년 거트루드 스타인이 『앨리스 B. 토클라스 자서전』*The Autobiography of Alice B. Toklas*을 발간한 후, 나의 어머니는 스타인의 삶을 자유의 상징으로 여겼다. 내가 10대였을 때나 전쟁이 끝난 후나 어머니와 나는 스타인을 알던 사람들—그중 일부는 스타인과 친구로 지낸 미군 병사들이었다―이 쓴 책을 읽고 이야기를 나누었고, 내 어머니의 눈에 스타인과 토클라스는 평범한 여성들이 감내하던 족쇄를 벗어난 삶을 공유한 듯 보였다. 물론 우리는 이들을 레즈비언으로 인식하지는 못했다. 내가 당시 레즈비언이라는 단어를 알았는지조차 모르겠다. 그래서 내 남편이 이 사실을 언급했을 때 나는 콧방귀를 뀌었다. 둘이 "그걸" 안 했는데 무슨. "그게" 무엇이었든 말이다.

   지금은 나이도 먹고 경험도 쌓아 더 슬기로워진 덕에 스타인과 토클라스의 동성애를 인식하게 되었다. 그럼에도 불구하고 나는 둘의 관계엔 본질적으로 이성애적이고 인습적인 것이 있다고 여전히 생각한다. 학생들과 이 문제를 놓고 격렬하게 논쟁을 벌인 적도 있다. 그러나 『레즈비언 이미지』*Lesbian Images*라는 책에서 제인 룰Jane Rule이 지적하듯, 거트루드 스타인은 "앨리스를 설득해 그녀가 전형적인 중산층 결혼관계와 유사한 둘의 관계를 받아들이게 만들었다. 이 관계에서 거트루드는 남편, 앨리스는 아내였다. 소위 아내인 앨리스는 소위 남편인 거트루드의 온갖 걸 이해하고 돌보며 존중했다. 또 한편 앨리스는 거트루드 스타인이 중요한 존재라는 것을 절대적으로 받아들였음에도 불구하고 스타인을 경외할 정도로 그녀에게 압도당하지는 않았다. ⋯ 오히려 앨리스는, 다정하고 영리한 보통 아내들이 우월감이 필요한 남편에게 우월감을 안겨주되 감정이나 실용적인 면에서 자신에게 의지할 수밖에 없도록 남편을 관리하듯 거트루드를 관리했던 듯 보인다." 룰의 주장에 따르면 거트루드는 "앨리스가 눈물을 흘리면 어떤 결정이든 번복했다."[4] 우리가 이제 알게 된 바대로 거트루드는 앨리스가 없으면 글을 쓰지 못했다. 그랬다 해도 기본적으로 앨리스와 거트루드의 관계는 많은 남성 작가들과 영감을 주는 뮤즈, 돌봄 제공자, 그리고 온갖 살림을 도맡는 만능 도우미 역할까지 겸비한 헌신적 아내의 삶과 비슷했다.

앨리스는 거트루드의 글을 타이핑하고 요리를 하고 정원을 가꾸고 원고를 교정했으며 다른 부인들과 대화를 나누었다. 그녀는 스타인이 사망한 후 가톨릭교에 입문했다. 캐서린 스팀슨Catharine Stimpson이 주목한 대로 "스타인이 남편이었던 때처럼, 앨리스는 이제 사제들과 가톨릭교의 가부장 구조에서 위안을 찾았다."[5] 스팀슨은 계속 지적한다. "아마 스타인과 토클라스가 더 대놓고 평등한 관계였다면, 예컨대 토클라스가 둘을 그린 초상화에서 자연스럽게 뒤쪽에 서지 않았다면, 둘은 칭송도 덜 받고 오히려 더 위험하다는 평가를 받았을 것이다." 스타인과 토클라스는 확실히 "여성 연대로서 '우리됨'we-ness의 가치를 공표했다."[6] 지금 생각해보면 그 관습적인 시절에 스타인이 아내를 구할 만큼 영리했다고 볼 수 있다. 물론 큰 의미를 부여하지는 않았다. 내 생각에 그 시절 우리는 "여성끼리의 우리됨"에 기존의 남녀 관계를 초월하는 다정함과 기쁨의 가능성이 있었을 거라 기대했던 것 같다. 그러나 어머니와 나는 전적으로 원하는 것을 할 자유의 측면에서 둘의 관계를 이야기했다. 내 어머니가 부러워했던 사람은 토클라스가 아니라 스타인이었다.

1942년 문학비평가 데이비드 데이치스David Daiches는 버지니아 울프와 레너드 울프의 결혼을 당시 아무도 이의를 제기하지 않았던 말로 논평했다.

> 그녀(버지니아)는 결혼 운이 좋았다. 남편 레너드 울프는 기자, 홍보 전문가, 정치 사상가이자 다방면에 해박한 평론가로 생기

넘치는 정신과 공감 능력까지 갖춘 인물이었다. 그는 문학뿐
아니라 실로 거의 모든 주제에 예리한 통찰력을 갖추었고, 아내의
재능을 십분 인정해 아내에게 작가 경력을 쌓으라고 처음부터
독려했다. … 저명한 경력을 쌓는 내내 레너드 울프는 다양한
분야에서 다재다능한 재능을 선보였고, 그가 쓴 글의 주제는
아프리카 흑인을 대상으로 하는 영국의 정책에 대한 신랄한
분석부터 소설에 이르기까지 광범위했다. … 천재적인 여성과
위대한 재능을 갖춘 남성, 이 둘의 결혼은 온갖 관례로 보면
재앙으로 끝났어야 했겠지만 그렇지는 않았다.[7]

여기서 '온갖 관례'란 무슨 뜻일까? 탐색의 경험—스팀슨의
말대로 "언어를 파헤치고 문화를 정의할 권리"[8]—을 남성, 그리고
스타인과 같은 극소수의 예외적인 여성들에게만 허용해온
관례다. (예외적인 여성들은 역설적이게도 예외적이지 않은
평범한 여성들의 주요 억압자다. 어떤 여성이든 예외적인 일을
할 수 있음을 입증한 여성은 남성들 사이에서 차지하는 독특한
지위 때문에 다른 여성들은 절대로 거기까지 도달할 수 없음을
확인해준다는 점에서 그렇다.) 미국의 버지니아 울프 연구자들이
레너드를 향해 가한 비판에도 불구하고, 거기다 영국의 울프
비평가들이 이 부부의 사회적 지위와 계급 때문에 둘 모두에게
보이는 경멸에도 불구하고 둘의 결혼은 혁명이었다. 여기서 내가
정의하는 혁명적 결혼이란 두 파트너 모두 자기 삶의 중심에 일을
두고 서로를 공동체의 개인으로 지원하는 관계, 섬세한 균형을
찾아가는 관계 정도지 그리 대단한 건 아니다. 물론 이는 남녀
관계의 남성이, 혹은 두 여성의 관계에서는 예외적인 여성이
보통의 "남편"보다는 상대와 평등하게, 아니 오히려 상대보다 더

많은 돌봄 노동을 하고 지원하는 역할을 해야 한다는 뜻이다. 재능 있는 남성과 여성의 결혼은 부단히 새롭게 창조되어야 한다. 이 전통 사회에서 기존의 결혼이 실패라는 결론은 예견된 지 오래다. 성공의 사례가 있다 하더라도 대개는 불신의 대상이 되거나 부정당한다(데이치스의 논평은 여기서 예외지만).

버지니아 울프는 비어트리스 웹 Beatrice Webb[9]과 마찬가지로 사회적으로는 자신보다 지위가 낮다고 간주될 만한 남성과 결혼했다. 게일 루빈 Gale Rubin이 역사 비평 「여성의 거래」 The Traffic in Women에서 말한 바대로 여성들은 "상향" 결혼을 하라는 기대를 받는다. 본인보다 키가 크고 더 부유하고 나이도 많으며 강하고, 최소한 사회적 영향력이 더 높아질 전망이 있는 남성과 결혼해야 한다는 기대다. 이 기대에는 남성의 성별 특권에다 다른 모든 특권과 권력이 추가된다. 울프의 남편은 버지니아보다 계급이 크게는 아니지만 좀 낮긴 했고 더구나 유대인이었다. 비어트리스 웹의 남편은 두드러지게 낮은 계급 출신이었고 사회주의자였다. 두 여성 모두 남편이 될 사람에게 육체적 매력을 느끼지는 못했다. 두 남성 모두 헌신적인 남편이자 보살핌 제공자가 되었고, 한 명은 연인으로도 성공했으나 다른 한 명은 그렇지 못했다. 두 결혼의 공통된 특징은 일과 돈 문제의 평등이었다. 보살핌 제공자, 번거로운 사회생활을 막아주고 조율해주는 역할을 도맡은 쪽이 있었다면, 이들 부부의 경우 남편 쪽이었다.

이 결혼들은 조지 엘리엇과 엘리자베스 배럿 브라우닝의 결혼과 마찬가지로 (하지만 제인 칼라일 Jane Carlyle의 결혼과는 달리) 오늘날 결혼을 전혀 하지 않거나 부부가 모두 일을 하는 결혼 생활을 누리는 현대 여성들의 결혼보다 전기 작가들에게 의미가 더 크다. 그 이유는 전기 작가들의 소재였던 여성이 대부분 결혼이 사회 규범일 뿐 아니라 인생의 의무였던 시대에 살았기 때문이다. 지극히 적으나마 몇몇 여성이 이런 결혼을 했다는 사실은 우리에게 과거의 가족 관계에서 특히 여성의 역할에 대해 어떤 지점을 들여다봐야 하는지에 관한 실마리를 제공한다. 무엇보다 전기 작가들이 묵살해야 할 것은 빅토리아 시대의 프로이트식 결혼 모델, 즉 가정의 천사라는 결혼 모델, 그리고 결혼하지 않는 것은 실패라는 여성들의 확신이다. (우리는 이미 2장에서 제임스 브라바존이 도러시 세이어즈를 이런 견지에서 어떻게 해석했는지 보았다. 이와 비슷한 사례는 마사 색스턴Martha Saxton이 쓴 루이자 메이 올콧Louisa May Alcott의 전기 도입부다.) 불행한 결혼에서 태어난 여자아이는 성장한 뒤 두 가지 반응 중 하나를 보인다. 자신의 결혼만큼은 부모와 다를 것이라는 확신이 첫 번째 반응이다. 이 희망이 실현될 확률은 몬테카를로의 도박장이 도산할 확률만큼 희박하다. 두 번째 반응은 결혼, 다시 말해 관습적으로 받아들여지는 결혼을 아예 피해버리는 것이다.

 세상을 오직 부성과 모성으로만 나눈다면(프로이트 이전에, 그러나 프로이트 이후에는 더 맹목적으로 이런 구분을 운명처럼 받아들이는 듯 보인다) 결혼의 재탄생은 절대로 불가능하다. 낸시 초도로우Nancy Chodorow가 입증한 대로 "가족 로맨스"는 세대를 거치며 강화되기 때문에 역설적으로 현실 속에서는 점점 작동하지 못하는 가치관이 된다. 남자아이들과 여자아이들은 서로 생산적인 관계를 맺도록 양육되지 못한다. 남자아이는 스스로를 "여자가 아니"라고 정의하며, 여자아이는 충분히 독립된 자아를 발달시키지 못한다. 비어트리스 웹과 버지니아 울프 부부처럼 남편이 돌봄을 제공하거나 어머니 역할이라 부를 만한 역할을 맡는 아주 드문 경우에만, 남성이 처음엔 상대 여성의 아름다움에 끌렸다 할지라도 그 후에도 계속 파트너를 사랑하며, 그녀가 "남성의 시선" 밖에 존재하도록 둘 수 있다. 이후의 결혼 생활에서도 아내를 물화된 대상이 아니라 본인 자신처럼 주체적인 존재로 받아들이고, 자신을 판단하는 것과 동등한 잣대로 아내를 평가한다. 하지만 남성이 어머니처럼 사랑할 수 있을까? 낸시 밀러가 관찰하기로는, 그가 감시하고 판단하고 규제하는 가부장적 시선의 계보에 자신을 위치시킨다면 그럴 수 없다. 남성이 또한 아버지의 자리를 차지한다면 그럴 수 없다. 그녀가 자신을 **여자**로 사랑하는 **남자**를 원한다면 그럴 수 없다.[10]

밀러가 이성애 커플 속에서 여성을 유혹하는 것이 무엇인지 설명하면서 인용한 콜레트^{Colette}에 따르면, 그것은 "자신의 삶을 열정적으로 지켜보는 관객"의 존재 속에서 사는 것이다. 하지만 그는 자신의 "남성적 시선"과, 따라서 다른 판단하는 남성들의 시선에 보이는 것뿐만 아니라, 그가 그녀의 삶 전체에서 보는 것—일, 지성, 재능, 의심, 그리고 성취를 포함하여—을 믿어야 한다.[11]

콜레트는 삶과 글을 통해 자율적인 여성의 전형으로 등장함으로써 우리에게 고독의 소중함과 개방적인 삶의 활기로 향한 길을 엿보게 해준다. 콜레트는 여성으로 태어난 자의 정해진 운명에서 벗어나 인생 후반기 새로운 운명을 거머쥔다. 그녀는 어린 시절 목가적이고 평화로운 가정에서 도망쳐야 했는데, 경이로운 어머니의 애정에 위협을 느꼈기 때문이다. 아직 어렸던 콜레트는 지극히 자연스러운 모성의 아름다움이 자신을 삼켜버리지 못하도록 전통적인 가정생활을 부숴버려야 했다. 돌이켜보면 이 상황이 그녀에게 창작의 동기가 되어주었지만 말이다. 결혼 지참금이 없었던 콜레트는 자신보다 나이가 훨씬

많고 방탕한데다 남의 재능을 악용하는 포주 같은 남성과
결혼해버린다. 콜레트는 작가가 되겠다는 꿈을 꾸거나 의식적으로
그런 생각을 해본 적이 한 번도 없었다. 콜레트의 전기 작가는
"콜레트가 글을 쓰게 된 과정이 지극히 이례적이었다는 점" 그리고
"그녀가 작가로 인정받기까지 엄청나게 오랜 시간이 걸렸다는
데"[12] 깜짝 놀란다. 지극히 이례적인 과정이란, 다름이 아니라
남편의 강요였다. 남편은 소녀 시절의 경험(클로딘 시리즈)을
쓰라고 콜레트를 몰아세웠고, 콜레트는 남편의 이름으로 책을
출간한다. 콜레트가 온전한 자신의 이름, 남편의 성을 붙이지 않고
스스로 선택한 이름으로 소설을 처음 출간한 때는 쉰 살이 되던
해였다. 그사이 콜레트는 두 번 결혼했고 음악과 연극 무대에
섰으며, 기자로 일했고, 남성과 여성을 모두 연인으로 두었으며,
자식 하나를 낳았다.

사르드Sarde는 쉰 살의 콜레트에 대해 이렇게 썼다. "남자는
마침내 마법의 지배력을 잃었다. 그는 더 이상 문을 막지도 열지도
않았다. 콜레트에게 타협과 양보의 시절은 끝났다."[15] 콜레트는
뭔가를 포기하는 행위가 언제나 "사랑스러운 선물" 같은 것이라고
생각했다. 사르드는 그녀의 소설 『셰리의 마지막』*The Last of Chéri*에
나오는 레아Lea라는 인물에 이런 생각이 구현되었다고 본다.
레아는 "자유를 얻기 위해 다른 건 기꺼이 포기하는 성향"을
"절제"[14]를 통해 보이는데 이 점이 콜레트와 닮았다는 것이다.
레아가 포기한 것은 과거의 사랑 방식, 즉 남성의 욕망과 시선의
대상이 되는 것, 전통 세계에서 남성만이 해줄 수 있는 인격에 대한
인정이었다. 레아는 인습적 사랑과 인정을 포기한 것이다.

콜레트는 만년에 자신보다 훨씬 젊은 남성과 결혼했고, 그
남성은 콜레트가 죽을 때까지 그녀에게 헌신했다. 아마 그녀의

명성, 권력, 삶에 대한 장악력이 남성의 헌신을 이끌어냈을
것이다. 이런 종류의 헌신은 여성의 매력이 금전일 때 더 자주 볼
수 있는데, 대체로 결혼 후 남편이 그 돈을 좌지우지하는 경우가
많다. 콜레트는 "하향" 결혼을 한 셈이다. 더 젊고, 더 가난하고,
유명하지도 않은 유대인이 그녀의 남편이었다. 콜레트의 장례식은
국장으로 치러졌다. 그녀는 프랑스에서 국장으로 장례를 치른
최초의 여성이었다.

결혼을 다시 정의할 수 있을까? 아니면 결혼이라는 제도가 이미
멸종 위기라 다시 정의할 필요도 없을까? 여성들은 150년도 채 안
되어 결혼 관계를 법적으로 변화시켰다. 법률적 변화 그 자체로
놀라운 성과인지, 아니면 다른 사회 변화들에 비해 오히려 더뎠던
것은 아닌지 자문해볼 필요가 있다.

1854년, 바버라 리 스미스 보디숀Barbara Leigh Smith Bodichon은
『기혼 여성과 법률』*Married Women and the Law*이라는 제목의 팸플릿을
발간했다. 아래에 발췌한 부분은 150여 년 전 여성들의 지위가
정확히 어떠했는지 상기시킨다.

> 남편과 아내는 법률상 한 사람이다. 아내는 미혼 여성일 때 갖고
> 있던 권리를 모조리 잃게 되며 아내의 존재는 남편의 존재에
> 전적으로 흡수된다. 남편은 아내의 행동에 민사상 책임이
> 있다. 아내는 남편의 보호 아래 있으며 이때 아내의 상태를
> 유부녀(coverture) 신분이라 한다.
>
> 여성의 신체는 남편에게 속한다. 여성은 남편의 보호 아래
> 있으며 남편은 인신보호 영장으로 자기 권리를 집행할 수 있다.
>
> 아내의 결혼 전 개인 재산, 가령 수중의 현금, 은행 예금, 보석,
> 가정용품, 의류 등의 재산은 전적으로 남편 소유가 되며, 남편은

부부가 함께 살건 말건 그 재산을 마음대로 할당하거나 처분할 수 있다.

아내의 (토지 같은) 부동산은 남편 소유가 된다.

보통법 법원이건 형평법 법원(Equity Court)이건 남편에게 아내를 부양할 의무를 강제로 지울 수 없다. ⋯

자식의 법적 양육권은 아버지에게 있다. 정신이 온전한 아버지가 살아 있는 동안 어머니는 미성년자 자녀에 대한 제한된 권한 외에 자녀에 대한 권리가 없다. 아버지는 아내에게서 자녀들을 빼앗을 수 있고 자신이 적합하다 생각하는 대로 처리할 수 있다.

결혼한 여성은 계약 관련 소송을 제기하거나 피소 대상이 될 수 없으며, 남편의 대리자일 때를 제외하고는 계약을 맺을 수 없다. 다시 말해 아내의 말은 법적 구속력이 없다. ⋯

아내는 남편의 이름을 함께 명시하지 않으면 소송을 제기할 수 없다.

남편과 아내는 공모죄로 기소 불가능하다. 공모죄는 두 사람이 있어야 성립되는데 부부는 한 사람이기 때문이다.

20세기 후반이 되었는데도 자신을 토머스 스미스 부인이라는 식으로, 남편 이름에 기혼 여성을 뜻하는 Mrs만 붙여 쓰는 여성들이 있다. 이런 여성들이 이 명칭에 함축된 자신의 종속 상태를 온전히 알고 있는지 모르겠다. 자신의 성을 버리고 남편 성을 쓰는 여성들에 대해서도 마찬가지로 말할 수 있을 것 같다. 특히 통계적으로 결혼이 이혼으로 끝날 가능성이 농후한 현 상황을 보면, 여성들이 평생 같은 이름을 유지하지 못할 수도 있는 이 상황은 얼마나 혼란스러운가. 이런 혼란과 동요를 미리

내다보았다면 이름 문제는 아무리 늦어도 1980년대 초엔 이미 해결되었어야 했다.

기혼 여성에게는 개별 인격이 없었다는 보디숀의 기록을 일단 제쳐두고, 그로부터 한 세기가 지나 조지 밸런친George Balanchine이 발레에서 파트너 개념을 어떻게 변화시켰는지, 그것이 어떻게 부지불식간에 부부 간 역할 변화에 대한 은유가 되는지 알아보는 것 역시 의미심장할 것이다.

뉴욕 시티 발레단은 파트너들이 신체 접촉을 기의 하지 않는 발레단이다. 이 발레단의 가장 독특한 특징 중 하나는 파트너링, 즉 남성 무용수가 여성 무용수를 들어 올리고 아라베스크 동작을 확장시키고 다중 회전을 하는 등 여성 무용수를 관객들에게 드러내고 뒷받침하는 고도의 기술에 대한 접근법이 남다르다는 것이다. 뉴욕 시티 발레단의 파트너링 관행은 겉으로 보기엔 다른 발레학교의 방식과 유사해 보이지만, 그 테크닉을 면밀히 살펴보면 무용수들이 뒷받침의 역학을 독창적이고 놀라운 쪽으로 변형시켰다는 점을 알 수 있다.

전통적으로 여성 무용수의 파트너 남성의 역할은 여성 무용수의 힘을 보완해줌으로써 여성이 더 오래 균형을 잡고 더 높이 솟아오르고 더 빨리 안전하게 회전할 수 있다는 환상을 창조하는 것이다. 조지 밸런친은 이 역할을 새롭게 변모시켰다. 그는 여성 무용수가 발휘하는 듯 보이지만 실은 파트너링을 통해 남성의 힘으로 창조한 환상의 산물인 힘과 역량을 여성 무용수가 실제로 갖추기를 원했다. 오늘날 뉴욕 시티 발레단의 발레리나는 관대함으로, 그리고 어려운 동작들을 함께 한다는 차원에서 남성 무용수를 파트너로 인정하되, 전처럼 상대 남성 무용수에게

의존하지 않는다. … 이 발레단 전체의 두드러진 특징은 남성
무용수가 여성 무용수를 최소한으로만 받쳐준다는 것이다.
… 파드되에서 여성 무용수는 남성 파트너에게 의존하지 않고
최대한 자유를 표현해야 한다. … 가장 중요한 것은 프로미나드일
텐데, 여기서 남성 무용수는 여성 무용수가 아라베스크나
애티튜드나 파세 자세로 균형을 잡고 있는 동안 여성의 주위를
돌며 모든 각도에서 여성 무용수가 관객에게 보이도록 도와야
한다. 놀라운 광경은 남성 무용수가 여성 무용수 주변을 돌 때,
여성이 스스로 균형을 잡을 만큼 탄탄한 덕에 남성이 손 전체가
아니라 손가락 끝만 여성 무용수에게 닿을락 말락 할 정도의
힘만으로 여성을 지탱하는 모습이다.[15]

    결혼 생활 자체를 중심에 놓는 소설이 거의 없다는 점은 주목할 만하다. 노스럽 프라이Northrup Frye가 특유의 명료함으로 말했듯 "로맨스 소설에서 여주인공은 신부가 된다. 결혼을 통해 신부가 된 여주인공은 어머니가 될 것이다. 이렇게 여주인공은 정해진 생애 주기를 따르는 셈이다. 결혼으로 … 여주인공은 생애 주기를 완성한 후 이야기에서 빠져나간다. 그렇다 보니 우리 독자들은 으레 알게 된다. 행복하고 균형 잡힌 성생활을 비롯한 부부생활은 소설 내러티브가 탐색해 독자에게 제시해야 하는 주제가 아니라는 점을 말이다."[16]
    소설은 대개 결혼이라는 소재를 거부해왔고, 예외적으로 다루는 경우에도 결혼은 배신의 역사로 제시된다. 최악의 경우 존 업다이크의 지옥Updike hell[17], 아니면 기껏해야 W. H. 오든Auden의 "전쟁처럼 인내와 선견지명과 전술을 요하는" 게임이 된다. 현실의 결혼은 소설 속 결혼과 딴판이다. 우리는 대개 결혼의 여러 측면

중 로맨틱하지 않은 건 거의 관심을 두지 않는다. 로맨스는 남성의 모험과 여성의 삶에 형태를 부여할 때도 필요했지만 결혼 자체를 유지할 때도 필요했다. 로맨스의 측면 없이 결혼을 본다면 이성애 커플 중 여성은 결혼에서 더 이상 매력을 느끼지 못하게 되고, 바로 그런 이유로 결혼 관계 속 여성의 희생을 바탕으로 유지되는 가부장제를 지지하는 이들에게도 결혼의 효용이 떨어지기 때문이다.

버나드 쇼의 1908년 작 『결혼』Getting Married에는 신부가 결혼 서약서를 읽고 충격을 받아 결혼식을 거부하는 지경에 이르는 장면이 나온다. 로버트 그레이브스Robert Graves는 『그 모든 것에 작별을』Goodbye to All That이라는 제목의 자서전에서 1918년 자신이 낸시라는 젊은 여인과 결혼할 당시 그 여인이 헌팅던Huntingdon 가문의 남자들이 아내와 딸들을 대하는 태도 때문에 계속 분개했다면서, '자연이 예술을 따른다'고, 즉 쇼의 연극 내용이 현실에서 벌어졌다고 전한다. "낸시는 그날 아침 처음으로 결혼 서약문을 읽고 너무 혐오스럽다며 결혼식을 거부했다. 내가 예식을 가능한 한 짧게 수정했는데도 말이다."[18] 이사도라 덩컨Isadora Duncan은 현실에선 어땠는지 모르지만 최소한 자신의 생애를 다룬 영화(버네사 레드그레이브Vanessa Redgrave가 덩컨을 연기했다)에서만큼은, 결혼서약서를 읽고도 결혼을 감행하는 여자는 비싼 대가를 치러도 싸다는 견해를 피력한다. 그러나 많은 여성들은 영화 속 대사에 웃음을 지으면서도 결혼의 이런 결과에 주의를 기울이지 않는 편을 택해왔다. 로맨스의 신성한 결실이 어떤 식으로든 방해받는 걸 두려워했기 때문인 것으로 보인다.

여성들이 분별력을 잃지 않고 연애를 하는 유일한 방법은 연인 관계를 종결하지 않는 것뿐이다. 연인에게 결혼은 치명적이다.

연인은 남편이 아니다. 더 중요한 사실. 남편은 연인이 아니다. 연인과 남편을 동일한 사람에게서 찾으라는 사회적 강요는 다른 어떤 비현실적 환상보다 더 많은 여성을 불행의 나락으로 떨어뜨렸다. 존 베일리John Bayley는 이렇게 썼다. "연애는 두 사람을 부자연스럽게 가까이 끌어당기는 반면 결혼은 둘의 적절하고 품위 있는 거리를 유지시킨다."[19] 하지만 친밀한 연애가 지나치게 짧은 탓에 여성은 이 "품위 있는 거리" 너머에서 자신을 기다리고 있는 좁고 답답한 삶에 대비하지 못한다.

연인이 남편이 될 수 있다는 환상을 세심하게 조장하는 것은 그 환상의 덕을 보는 가부장제다. 레프 톨스토이Lev Tolstoy가 안나 카레니나Anna Karenina를 고립시킨 것은 결혼의 구속을 박차고 나가 연인과 함께 살기로 선택한 용기에 대한 벌이다. 톨스토이는 일기에 이렇게 썼다. "안나가 인생에서 여성의 삶이 주는 온갖 기쁨을 박탈당한 이유는 혼자이기 때문이다. 모든 여성이 안나에게서 등을 돌린 탓에, 그녀와 소소한 일상이나 여성들만 아는 문제에 관해 대화를 나눌 사람이 한 명도 없다."[20] 더욱이 스턴Stern이 지적한 대로 "안나가 하는 많은 행동—남자 옷을 입고, 담배를 피우고, 테니스를 치고, 피임을 하고, 불면증으로 모르핀을 복용하고, 수상쩍은 영국인 간호사를 두고, 졸라Zola와 도데Daudet를 논하는 것—을 톨스토이는 심하게 탐탁찮아 한다."[21] 연인과 같이 살기를 택한 여성들은 오랫동안 이런 고립 상태에 빠졌다. 무기력한 결혼 생활을 이어가는 기혼여성들은 다른 삶의 서사를 살아갈 용기를 낸 여성을 고립시킴으로써 가부장제에 가담했다. 결혼이란, 사회 전체가 결혼이 바람직하다는 환상을 적극 유지하기 위해 이토록 애써야 할 만큼 여성들에게 매력을 잃을 위험에 늘 처해 있는 것일까?

오늘날 여성들은 비혼을 선택할 수 있고 결혼 전 동거를 하거나 아에 평생 동거를 할 수도 있으며, 연애 상대를 바꿀 수도 있다. 결혼을 불가피한 운명으로 보지 않아도 된다는 말이다. 그런데 남성들은 언제나 그래왔다. 오리아나 팔라치Oriana Fallaci[22] 같은 일부 여성들이 결혼에 반하는 선택을 한 이유는 본인의 말대로다. "결혼은 내겐 '포기'를 암시하는 표현, 다시 말해 희생과 후회의 표명이기 때문이다. … [내게 필요했던] 고독은 홀로 있다는 의미의 신체적 고독이 아니다. … 그것은 여성—그리고 남성이 지배하는 세계에서 책임을 진 여성—이라는 사실에서 비롯되는 내적 고독이었다. 오늘날 나는 그런 종류의 고독이 절실하다. 그런 고독이야말로 나의 지적 성장에 필요하기 때문이다. 내가 때로 혼자 있어야 할 필요를 느끼는 건 그 때문이다. 동반자와 함께 있을 때, 둘뿐인데도 사람이 너무 많다고 느껴지는 순간들이 있다. 나는 혼자 있을 땐 전혀 지루하지 않지만 다른 사람들과 함께 있을 땐 쉽게 지루해진다."[23]

팔라치는 안나 카레니나와 달리 전통 결혼 관계 밖에서 육체적인 열정을 불사른 대가로 고립을 감내하도록 강요당하진 않았다. 과거와 오늘날에 차이가 있다면, 오늘날의 여성들은 전통 결혼 관계 외부에 있다는 이유로 자신이나 다른 여성들에게 가부장제가 강요하려 드는 고립을 더 이상 받아들이지 않는다는 것이다. 그러나 결혼의 온갖 위험을 알고 난 후에도 결혼을 선택하는 여성들은 오늘날에도 있다. 이들은 자신이 어떤 위험을 감수하는지 모르지 않으며, 남자와 함께 사는 것이 아이가 있든 없든 자신이 원하는 삶이라는 결정을 내린다. 재산과 소득에 대한 권리, 자녀에 대한 권리, 계약을 맺고 독립적 개인으로 세상에서 역할을 할 권리가 있는데도 불구하고 여성들은 여전히 남성과의 결혼을 선택한다. 이 여성들을 위해, 그리고 이 여성들을 사랑하고 함께 살기로 선택한 남성들을 위해 결혼의 새로운 정의와 현실은 삶을 통해 이루어져야 할 뿐 아니라 이야기로도 표현되어야 한다. "이제 누군가 새로운 이야기를 써야 할 때다." 버지니아 울프가 쓴 소설 『막간』Between the Act의 등장인물이 한 말이다. 소설은 어느 남녀가 새 연극에서 새롭게 펼쳐질 세계의 출발점에 선 장면으로 끝난다. 이 결말은 누군가 결혼에 대한 새로운 이야기를 쓸 때가 되었다는 울프의 생각을 암시하는 것일 수 있다. 울프는 결혼의 새로운 서사를 자신의 삶으로 썼지만 소설로 쓴 적은 없다. 조지 엘리엇도 비어트리스 웹도, 다른 누구도 쓴 적이 없다.

그럼에도 불구하고 나이절 니컬슨Nigel Nicolson은 버지니아 울프와 레너드 울프의 결혼을 소설보다 탁월하게 묘사한다(니컬슨은 울프의 편지들을 편집했고, 페미니스트도 아닌데 울프 부부뿐 아니라 자기 부모 역시 틀에 얽매이지 않는 결혼을 했다는 사실을 전할 희한한 입장에 놓인 인물이다).

> 독립적 사고를 지닌 두 사람이 결혼한다면 서로의 관용과 애정과 지지에 의지할 수 있어야 한다. 각자는 상대가 지닌 재능의 온전한 성장을 질투심 없이 독려해야 하며, 상대의 사생활과 다른 관심사와 낯선 친구들을 허용해야 한다. 동시에 둘은 지적, 도덕적 토대를 공유해야 한다. 둘 중 누구라도 상대가 새로운 생각을 지속적으로 탐색하고 규범에 문제 제기를 할 때 교양 없는 속물처럼 무관심하거나 묵살해서는 안 된다. 둘이 옳고 그름의 문제에 대해 의견이 크게 달라서는 안 된다. 무엇보다 둘의 사랑은 열정이 식은 후에도 성장해야 한다. [레너드 울프와 버지니아 울프 부부는] 서로에게 질투심을 느끼거나, 자신에게 없는 재능이

상대에게 있다고 시기심을 느낀 적이 전혀 없다. 그녀는 자신의 글에 대한 레너드의 판단을, 자신에게 가장 큰 의미가 있는 평가로 깊이 존중했다. 한편 레너드는 비상하는 상상력은 부족했지만 아내에게 그런 상상력이 있다는 점을 인정해 아내를 보호했고, 아내의 들쭉날쭉한 건강상태를 주시했으며, 아내의 천재성을 키워주었으며, 본능적으로 아내에게 혼자만의 방이 필요하다는 것을 알고 독립 공간을 제공하면서도 본인은 늘 둘의 공용 공간에서 아내가 필요할 때마다 곁에 있어주었다.[24]

지난 몇 년간 레너드 울프를 향한 가혹한 비판이 있었다. 그중 일부는 인간이 영위하는 삶의 복잡성을 감안하면 합당한 면도 없지 않다. 레너드는 아내의 작품을 몇 차렌가 오판한 적이 있다. 게다가 아내 모르게 의사를 찾아가 아내가 두려워하는 치료법을 강요한 처사를 보면 그가 아내에게 필요한 것을 본인보다 더 잘 안다고 성급히 판단했다는 아쉬움이 클 수밖에 없다. 심지어 나는 레너드가 여성의 종속과 파시즘의 전형적 특징인 권위의 남용을 알 만한 특수한 입장에 있는 듯 보이는데도 이를 이해하지 못한 것은 그가 갖춘 지성의 중요한 결함이라고 생각한다. 하지만 우리도 알다시피, 여성에게 공감하고 지원을 하는 남성들 중 레너드와 같은 결함을 보이는 이들은 오늘날에도 있다. 앞에서 언급한 레너드의 오판 중 어느 하나라도 용서하기 쉽진 않다. 울프 연구자들이 페미니스트 여부를 막론하고 분개하며 레너드를 비판해온 것도 그래서다. 하지만 레너드가 당시에 내린 결정은 그 시절 의학이 뒷받침하는 지식을 기반으로 한 것이었고 버지니아의 언니 버네사도 그의 결정을 지지했다는 점을 감안해야 한다. 게다가 레너드는 아내와 안전거리를 두고 조언만 건넨 게 아니라 아내 곁에서 상황에 대처한 장본인이라는 것, 따라서 사태가 끝난 후 명확한 판단을 내릴 기회를 누릴 환경에 있지 못했다는 점도 유념하는 편이 좋다. 인간사에 완벽함이란 없다. 따라서 내 생각에 이들의 결혼이 완벽하지 않았다고 그 장점까지 인정하지 않는 태도를 취할 경우 바람직한 결혼의 모든 가능성을 완전히 부정하는 길로 잘못 들어설 수 있다. 나는 퀜틴 벨Quentine Bell의 의견에 동의한다. 페미니즘과 거리가 멀기로 따지면 니컬슨보다 훨씬 더한 벨은 버지니아가 내렸던 가장 현명한 선택은 레너드와의 결혼이었다고 평가했다. 버지니아가 글 쓰는 생활을 할 수 있었던 것은 레너드 덕이었다는 것이 솔직한 내 사견이다.

결국 핵심은 결혼한 부부가 친구인 경우는 매우 드물다는 것, 그리고 우리는 대개 우정이 사랑과 반대거나 사랑을 배제한다고 생각한다는 것이다. C. S. 루이스C. S. Lewis는 다음과 같은 질문을 던졌다. "당신이 운이 좋아 '친구와 사랑에 빠져 결혼했다고' 가정해보라. 이제 두 가지 미래 중 하나를 선택할 수 있다. 첫째, 연인 관계는 끝나지만 신이나 아름다움, 진리 등을 함께 추구하는 친구로 영원히 남는 미래. 둘째, 친구 관계는 잃되 살아 있는 동안 환희와 열정, 에로스의 온갖 경이로움과 날것의 욕망을 유지하는 미래. 원하는 대로 선택하라. 뭘 선택하겠는가?"[25] 물론 루이스는 당연히 우정을 지속적인 선택지, "환희와 열정"을 불가피하게 일시적인 선택지로 본다. 하지만 그는 연애하는 남녀 간에 우정이 가능하다는 생각, 혹은 우정과 함께 연애 감정이 지속될 수 있다는 생각은 하지 못한다. 적어도 위의 문구를 쓸 당시에는 그랬던 모양이다. 남자들 간의 연애기 금기시되던 시절이었기 때문에, 그 역시 몽테뉴나 다름없이 우정이나 결혼의 현실 모델이 전혀 없었던 듯 보인다. 말년에 뒤늦게 연애를 하고 결혼을 한 후에는

루이스도 남녀 사이의 우정이나 우정을 통해 지속되는 열정을
믿게 되었고 그러한 관계를 결혼이라고 묘사하긴 했다. 그는
열정과 우정이 상호 배타적이지 않다는 것, 그리고 열정이 연인과
황홀한 도취 상태에 있을 때뿐 아니라, 아내나 남편에게서도
발견된다는 것을 알아냈을 것이다.

 W. H. 오든은 (에리카 만Erica Mann의 나치 독일 탈출을 돕기 위해
문서상으로 결혼했던 것을 제외하고) 결혼한 적이 없지만 결혼을,
"육체적 욕망과, **필리아**philia, 즉 공통의 관심사와 가치에 바탕을 둔
상호 호감의 건강한 혼합물"[26]로 표현하며, 다음과 같이 정의했다.
"대등한 파트너끼리의 상호 존중이 둘 사이를 지배하는 감정이
결혼이다." 이런 정의를 결혼 한 번 제대로 못 해본 남자의 것으로
치부해버리기 쉽지만, 사실 오든은 말년에 한나 아렌트에게
청혼한 적이 있다. 실제로 결혼은 상상하기 어렵다. 결혼에 관해
상상한 사람들은 전형적인 결혼을 하지 않았거나 어떤 형태건
결혼 자체를 아예 해보지 않았으나 우정을 알고 우정을 결혼의
모델로 생각한 사람들뿐이다. 심지어 조지 엘리엇조차 오든이
앞에서 묘사한 결혼을 했음에도 불구하고 소설에서는 이런 결혼을
창조해내지 못했다. 곱씹어볼 만한 주제다.

 우리 대부분은 거의 모든 문화 현상이 부추기는 대로 완벽한
결혼을 희망하며 결혼으로 가는 여정을 시작한다. 무슨 뜻인가
하면, 대체로 사람들이 성적 매력을, 결혼이라는 미로에서 길을
찾기 위한 단서로 받아들인다는 뜻이다. 하지만 성적 매력이
결혼의 실마리인 경우는 거의 없다. 희한하게도, 결혼을 행복한
결말로 약속하는 대중매체조차 결혼 후 여러 해가 지난 후에는
결혼을 행복한 관계가 아니라 관계의 종결로 그린다. 그럼에도
불구하고 영원히 지속되는 것은 이번에는 다르겠지 하는 식의

꿈뿐이다.

 아마 진실이 거론되지 않는 이유는 그것이 진부한 일상으로, 부르주아의 삶으로, 심지어 미덕 중에서도 가장 매력 없는 균형을 옹호하는 것으로 들리기 때문일 것이다. E. M. 포스터E. M. Forster는 이를 알고 있었다. 진실은 양극단 사이의 중간에 있다고 누군가 말했을 때 그의 대답은 (『하워즈 엔드』Howards End에서) "아니, 진실은 생물처럼 살아 있으므로 뭔가의 중간에 있지 않다. 진실은 양극단을 지속적으로 탐색할 때만 발견되는 어떤 것이다. 결국 균형이 궁극적 비밀이라 해도 처음부터 균형을 옹호한다면 아무것도 없는 불모지만 마주하게 될 뿐이다." 균형은 궁극적 비밀이고, 좋은 결혼은 죄다 열정이라는 가면을 쓴 욕정이 아니라 스탠리 카벨Stanley Cavell이 칭한 '재혼'인 이유도 그 때문이다. 진정한 결혼은 재혼하는 이들에게만 가능하다.

 요컨대 결혼은 집을 사거나 직업을 택하는 것과 같은 거래다. 우리는 뭔가 선택할 때 그 결정 때문에 다른 가능성을 포기해야 한다는 것을 알고 감내한다. 열정을 버리고 동료애나 우정을 선택한 비어트리스 웹과 버지니아 울프 같은 여성들은 거래를 한 셈이다. 이들의 결혼이 효력을 낸 이유는 이들이 자신의 거래를 후회하거나, 남편이 멋진 연인처럼 뭔가 다른 존재가 되어주지 못한다고 비난하지 않았기 때문이다. 그러나 전기를 쓰거나 자신의 삶을 기록할 때, 이런 결혼을 스스로에게나 독자에게 슬픈 타협, 다시 말해 나쁜 거래 중 그나마 제일 나은 거래로 제시하는 것, 혹은 아예 결혼을 언급조차 하지 않는 것은 관례인 동시에 오해의 여지가 있다. 버지니아 울프는 자신이 무슨 이야기건 거리낌 없이 하지만 레너드와의 생활에 대해서는 한 번도 말한 적이 없다고 언급한 적이 있다. 하지만 우리가 아는 바에 따르면

버지니아는 남편을 두고, 그가 방에 들어오면 무슨 이야기를 할지 전혀 알 수 없었다고 말한 적이 있다. 이것은 좋은 결혼의 놀라운 정의다. 이런 결혼은 나쁜 거래가 아니라 좋은 거래 중에서도 최상의 거래이며, 우리는 특히 성취를 이룬 여성들의 삶에 관해 쓸 때 이런 결혼을 이해하고 묘사할 언어를 배워야 한다.

지금까지 결혼의 재창조, 결혼 당사자들이 중년기에 새로 태어나는 결혼에 관해 이야기했다. 스탠리 카벨은 이 현상을 "재결합 코미디"라 불렀다. 영화를 다룬 그의 저서 『행복을 찾아서』 Pursuits of Happiness 는 여태껏 출간된 최상의 결혼 지침서로 봐도 좋을 것 같다. 단, 그가 할리우드 언어로 발전시킨 공식을 중년의 현실 언어로 바꿀 필요는 있다. 화려함도 덜하고 청춘의 유연함도 환상도 덜한 현실 말이다. 카벨은 1930년대와 1940년대의 할리우드 영화에 대해 쓴다. 영화들에서 커플—그중 한 명은 대개 근사한 캐리 그랜트 Cary Grant 다—은 서로의 가치를 깨닫고 평등을 스스로 배워 재결합한다. 카벨은 이런 영화의 여배우들, 대개 아름다운 캐서린 헵번 Katharine Hepburn 같은 배우들이라 이런 변화가 가능해지긴 한다는 점을 인정한다. 카벨의 책을 우스운 상황에 처한 아름다운 사람들의 이야기가 아니라 결혼에 대한 심오한 철학적 논의로 읽으면, 결혼의 성취를 은유한 격언처럼 들린다. 가령, "내가 이해하는 바로는 [재결합 코미디의] 본질적 특징은 남자나 여자 중 누가 적극적이고 누가 소극적인 파트너인지, 이런 능동성과 수동성이 정말 남녀 간 특성 차이를 적합하게 규정하는 성질인지, 혹은 우리가 남녀 간의 차이에 대해 만족스러울 만큼 잘 알고 있는지에 관한 질문을 애매모호하게 남겨두는 것이다."[27] 그리고 "[재결합 로맨스는]

주인공이 누구인지 끊임없이 의심하게 만드는 구도, 다시 말해 적극적으로 상대를 쫓는 파트너가 남자인지 여자인지, 둘 중 누가 관계를 주도하고 누가 끌려가는지 갸우뚱거리게 하는 구도를 제시한다."[28]

무엇보다, 카벨이 논하는 영화의 배우들이 지닌 성적인 매력에도 불구하고, 그는 섹슈얼리티가 결혼의 궁극적 비밀이 아니라는 것을 알고 있다. "신의 섭리에 따라, 결혼의 가장 중요하고 고귀한 종착지는 조화롭고 즐거운 대화다. … 이것이 바로 결혼이라는 관계가 우정의 성격을 띠고 있다고 우리를 놀래는 근거, 더 나아가 우리에게 짜릿한 흥분을 주는 근거다." 게다가 카벨은 슬기롭게도 "법도 섹슈얼리티도(암묵적으로 자식도) 결혼의 진정성을 보장해주지 않는다는 점을 확인시켜주며, 결혼에 타당성을 제공하는 것은 오직 재결합, 다시 말해 서로의 관계를 지속적으로 확인하려는 상호간의 의지임을 피력함으로써 결혼의 신비"를 강조한다. "재혼, 다시 말해 진정한 결혼은 그것이 다른 어떤 성질을 띠고 있건 상관없이 본질상 지적인 프로젝트다."[29]

카벨이 일찍이 내린 최고의 지혜로운 결론은 "진정으로 결혼할 수 있는 사람은 이미 결혼한 사람뿐"이라는 것이다. 최초의 천둥처럼 강렬한 끌림은 결혼으로 이어져서는 안 된다. 그 이유는 그런 감정으로는 재혼할 수 없기 때문이다. 그런 감정을 수반하는 관계는 결혼이 아니라 열정, 연인들의 관계다. "결혼했음을 알게 되는 것은 이혼할 수 없다는 것을 깨달을 때, 즉 남편과 아내의 삶이 따로 떨어질 수 없음을 알게 될 때다. 당신의 사랑이 운이 좋다면 그런 깨달음을 웃으며 반길 수 있다."[30] 하지만 이런 깨달음은 오히려 어느 정도의 언쟁을 통해 맞이하게 될 수도 있다.

이런 언쟁은 캐리 그랜트나 스펜서 트레이시 같은 멋진 남성과 캐서린 헵번처럼 근사한 여성 간에 벌어지면 대개 그럴싸하지만, 두 중년 남녀 사이에서 벌어지면 그다지 매력적이지 않을 수 있다(트레이시와 헵번이 말년에 찍은 영화에서는 다툼이 멋었다는 점에 주목하라. 매력이 완전히 떨어졌기 때문이다.) 하지만 카벨의 말대로 "다툼은 있을 수 있다. 딱히 기쁨의 표시까지는 아니더라도 애정과 관심의 표시이기 때문이다. 결혼을 향한 의지가 다툼을 향한 어떤 의지를 수반하는 것 같다."[31]

요컨대 카벨은 가장 행복한 결혼이 점잖은 언행으로 점철된 관계는 아니라는 것, 공개적으로 서로에게 관심과 주의를 기울이는 행동, 그러다 설사 남들 앞에서 언쟁이나 다툼을 벌이더라도 그건 부부가 관계를 우아하게 또는 아예 묵살하지 않고 서로에게 관여하고 있다는 최소한의 표시는 된다는 것을 가르쳐준다. 카벨은 부부의 침대라는 근원적 이미지에 대한 참신한 해석으로 논의를 마무리한다. 그가 제시하는 침대는 텔레비전과 영화의 관습이 으레 제시하는 것처럼 섹스라는 관전 스포츠의 장이 아니라 "외부인들에게는 보이지 않는 결혼의 모든 것을 상징하는 장으로 재현된다. 외부인들에게 보이지 않는 전부, 결국 결혼의 본질이다."[32]

전기 작가들은 결혼, 특히 전기의 주인공이 된 저명한 여성들의 결혼을 외부에서 바라보면서, 로맨스와 가부장제가 우리에게 가르친 행복한 결혼의 표징들만 사용해왔다. 이제 우리는 카벨의 지침을 따라 중년의 결혼, 재결합의 의미를 띤 결혼을 봐야 한다. 이러한 결혼의 대화, 이러한 결혼이 수반하는 우정의 성질들을 탐색해야 하며, 무엇보다 평등한 결혼 관계, 그리고 남녀가 각자 대등한 지위에서 자신의 목표를 추구하는 관계를 모색해야 한다.

좋은 결혼의 징후는 부부가 서로 논쟁을 벌이거나 자유롭게 문제 제기를 하는 관계, 그 무엇도 규율이나 방침으로 전락하지 않는 관계를 영위하는 것이다. 설사 규칙이 있다 해도 그것은 당사자 둘만 아는 둘만의 합의일 뿐, 사회적 성취를 상징하는 트로피나 외부의 인정은 결코 이들의 관심사가 아닐 것이다.

5.

친밀함의 역사,
우정의 연대기

애정이란 … 다른 여성들에게 영향을 끼치고 행동을 이끌어내며 감동을 주는 동시에 이들에게 영향을 받고 행동하며 감동을 받는 상태를 의미한다. 버지니아 울프는 이를 … 다음과 같은 문구로 표현했다. "오직 여성들만이 내 상상력을 자극한다." 울프는 이렇게 덧붙였을지도 모른다. "오직 여성들만이 나를 행동과 힘 쪽으로 이끈다."

… 재니스 G. 레이먼드

관습을 벗어나는 자신의 삶에 대해 쓰는 여성, 혹은 전기 작가들에 의해 통념에서 벗어난 삶을 살았다고 평가받는 여성은 이름도 정의도 없는 특별한 재능이 자신에게 있다는 것을 일찌감치 깨달았다. 이 특별한 재능의 가장 두드러진 징후는 이를 갖춘 여성이 사회가 적절하다고 수용하는 성역할에 불만을 느끼게 된다는 것이다. 윌라 캐더Willa Cather의 사례는 각별하다. 샤론 오브라이언Sharon O'Brien은 윌라 캐더를 다룬 전기에서 캐더의 딜레마를 기술한다. "캐더에게는 딜레마가 있었다. 여성으로 글을 쓰는 경우 한계가 빤한 예술 작품을 창조하게 된다. 반면 남성으로 글을 쓸 경우 진정성 없는 예술 작품을 창조한 셈이 되었다."[1] 캐더는 초창기부터 힘을 남성성과 동일시했다. 게다가 그녀는 자신이 힘을 원한다는 것을 알고 있었다. 의사가 되어 해부를 하고, 지식을 쌓고, 권위와 확신을 갖고 발언하고자 했다. 그녀는 약한 남자들과 여자다운 여자들을 경멸했다. 대학에서 그녀는 윌리엄 캐더William Cather가 되었다. "자율적이고 강력한 새로운 자아를 구축하고" "진부한 인간, 관습이 부과하는 정체성을 피하기"² 위해서였다. 이런 행동에 필요한 용기를 얻기 위해, 자신의 야심을 금지하는 성별 장벽을 극복하기 위해 캐더가 기꺼이 감내해야 했던 고통이 무엇인지 우리는 상상조차 못한다. 그녀는 세상이 "고정된 곳이 아니라 유동적인 곳"³이기를 바랐다. 예를 들어 옷, 성별의 가장 두드러진 표식인 복장을 바꿈으로써 성별에 대한 기대도 바꿀 수 있을까?

루이자 메이 올콧 역시 캐더처럼 여성인 자신의 몸, 그리고 그 몸 때문에 어쩔 수 없이 감내해야 했던 여성의 답답한 삶 때문에 갈등했다. 그녀는 친구에게 이렇게 편지를 썼다. "난 남자애의 성격을 타고 났기 때문에 언제나 여자애들보다 남자애들에게 공감하고 남자애들에게 관심이 갔어. '앞치마 달린 주름치마'를 입고도 남자애처럼 싸웠고, 져서 넘어지면 남자애처럼 화가 났지."⁴

이렇듯 여성이 보인 재능의 가장 뚜렷한 표식은 자신이 여자 몸에 갇힌 남자아이라는 의식이지만, 또 다른 여성들은 소녀 시절의 "여성적인" 측면을 견디거나 심지어 즐기기까지 하면서도, 여성이라는 성별로는 이룰 방법이 전혀 없는 종류의 소명 의식을 경험한다. 가령 이디스 워튼Edith Wharton은 릴리 바트Lily Bart⁵처럼 살지 않았지만 릴리를 창조했고, 조지 엘리엇은 도로시아 브룩Dorothea Brooke⁶의 삶을 잘 알고 있었지만 스스로 감내하지는 않았다. 그러나 마거릿 풀러Margaret Fuller는 달랐다. 풀러는 어린 시절 범상치 않은 재능과 충족될 수 없는 욕망을 지녔던 많은 여성들처럼 어린 시절 자신이 여자라는 사실에 절망했다. "나의 내면은 강력한 힘과 관대함과 섬세함을 느낀다. 그러나 내게 있는 이런 미덕을 하나도 인정받지 못하는 느낌이 들었다. 이 미덕을 내 인생에서 사용할 수 없을 것만 같았다. 나는 고작 스물한 살이었다. 과거는 시시했고 미래는 절망적이었지만 단 한 번도 스스로 나쁜 짓을 한 기억은 없다. 내 열망은 무척 고결해 보였다."[7]

재능 있는 여성들의 미래—여기서 **재능**이란 단순한 재주뿐 아니라 큰 가능성을 의식하는 상태, 성취할 수 없어 보이는 것을 바라는 커다란 욕망을 뜻한다—는 자신과 비슷한 욕망을 가진 여성 친구들이 주위에 없어 보였던 탓에 곱절로 불확실해 보였다. 캐더와 풀러와 올콧의 생애를 살펴보면 이들이 남성들과 있을 때 몹시 편안해했다는 것을 알 수 있다. 이들이 깊이 절감한 것은, 명확히 정의할 수 있는 야심을 이루기 위해 여성으로서의 매력과 성공을 기꺼이 희생하려는 자신 같은 여성이 거의 없다는 끔찍한 현실이었다. 그러나 여성사를 연구한 최근 역사학자들 덕에 이제는 성공한 모든 여성들이 우리가 오해했듯 전성기 때 여성 친구들이 없지는 않았다는 사실을 알게 되었다. 토머스 래시Thomas Lash는 헬렌 켈러Helen Keller와 애니 설리번Annie Sullivan을 다룬 책에서 이들의 우정이 "역사상 유례 없다"는 의미에서 "예외적"[8]이라고 평가한다. 반면 블랑슈 위즌 쿡Blanche Wiesen Cook을 비롯한 일부 역사학자들의 저작은 과거 뛰어난 많은 여성들의 뒤에 지지와 지원을 보내는 여성 친구 집단이 있었고, 이 친구들의 지지가 없었다면 이 여성들의 공적 생활이 지속되기 힘들었을 것이라는 점을 보여주었다. 우리는 과거에, 이제야 그들의 이야기가 드러나고 있지만, 공적 영역에 있던 여성들이 얼마나 자주 다른 여성들을 사랑했는지, 그리고 그 사랑으로부터—남성들이 다른 남자 동료 관계에서가 아니라 여성들의 우정과 지지로부터 성취를 끌어낸 것처럼—어떻게 성취를 끌어냈는지 짐작할 수 있게

되었다. 이제 우리는 과거에 살았던 극소수 이 유명한 여성들의
공개된 면모의 이면을 살피면 여성들 간의 지속적이지만 은밀했던
우정에 얽힌 숨겨진 이야기를 찾아낼 수 있다고 추측하기
시작한다. 그러나 관습적인 여성의 운명을 뛰어넘고자 열망했거나
청소년기 남성의 관심이라는 말초적 보상에 만족하지 않았던
소녀들 사이의 우정은 귀했다. 적어도 1960년대까지는 그랬다.
이런 우정은 캐더와 올콧, 그리고 풀러 같은 여성 작가들에 의해
대개 기록되지 않았다.

 아닌 게 아니라 여성들 간의 우정은 이야기된 적이 거의 없다.
여성들은 삶의 위기가 찾아올 때, 특히 결혼, 출산, 죽음, 질병,
고립과 같이 여성의 경험에서 중심을 차지하는 가족의 위기 때
서로를 지원하고 지지했던 것으로 보인다. 그럼에도 여성들이
함께 일하고 살아가며 나누는 애정은 불과 10년 전까지만 해도
문명 기록자들에 의해 묵살당했다. (심지어 지금도 여성들 간의
사랑에 대한 증거는 뚜렷하지 않다. 레티 코튼 포그레빈 Letty Cottin
Pogrebin은 마거릿 대처가 여성 친구들이 없었다면 자신은 살아남지
못했을 거라 말했다고 전하지만[9] 그 여성 친구들 중 대처가
정치가로 사는 동안 표면으로 부상한 인물은 한 명도 없다. 대처가
가리킨 여성 친구가 전속 미용사가 아닌지 의심이 들 정도다.)
우정의 연대기(말이 연대기지 짧디짧은 선집 정도다)를 살피다
보면 결국 플라톤, 아리스토텔레스, 에피쿠로스, 플루타르코스,
에라스무스, 몽테뉴, 존슨, 루소, 에머슨, 소로 등 남성의 우정에
대해 읽게 된다. 여성들의 우정은 찾아보려 해도 지극히 드물고,
찾았다 하더라도 대개 보여주기나 구색 맞추기 식으로, 여성을
남성 집단에 마지못해 끼워주듯 남성 서사에 끼워 넣은 정도의
서사뿐이다.

이런 상황에서 베라 브리튼Bera Brittain의 『우정의 증언』Testament of Friendship은 이상적이자 귀한 반례다. 브리튼과 위니프리드 홀트비Winifred Holtby는 제1차 세계대전 이후 옥스퍼드 대학교 서머빌 칼리지에서 학생으로 만났다. 이들의 우정은 1937년 홀트비가 신장 질환으로 사망하면서 끝났다. 이들의 우정과 부단한 대화를 중단시킨 것은 결혼도 물리적 거리도 질병도 아닌 죽음뿐이었다. 1940년 『우정의 증언』 출간 당시 브리튼은 그 전에 쓴 『청춘의 증언』Testament of Youth이라는 다른 유명한 책과 제목을 맞추었다. 먼저 출간된 『청춘의 증언』은 브리튼 본인의 전쟁 경험, 약혼자와 남동생과 남성 친구들의 죽음, 그리고 위니프리드 홀트비와의 만남을 기록한 책이다. 『우정의 증언』이라는 제목은 적절하다. 증언은 뭔가의 증거로 복무하니까. 브리튼의 『청춘의 증언』은 『전쟁의 증언』Testament of War이라고 제목을 붙이는 편이 더 좋았을 수 있겠다. 반면 나중에 나온 『우정의 증언』이라는 제목은 아주 정확한 기록을 담고 있다. 베라 브리튼과 위니프리드 홀트비의 우정은 본보기가 될 만한 사랑이었다.

베라 브리튼은 서문에서 여성들의 우정이 "대개 찬양은커녕 조롱당하고 폄하당하고 오독되기 일쑤였다"고 말하면서도, 구약성경 룻기에 나오는 시어머니 나오미와 며느리 룻 간의 헌신적 애정만큼은 예외로 둔다. 그러나 안타깝게도 시어머니와 며느리 간의 우정은 특별하다 해도 결국 전통 가부장 구조에서 허용해줄 수 있는 관계이다. 이들의 이야기는 여성의 헌신을 다룬 다른 익숙한 이야기들처럼 결혼과 재산 등 전통 가부장 사회가 요구하는 것들을 초월하는 다른 반향은 거의 없다.

"호메로스 시절부터" 칭송받아온 남성 간 우정의 특징을 묻는다면 답은 명확하다. 공적 영역에서 반향을 일으킨다는 것이다. 남성들 간의 우정은 온전히 사적이지도 않았고, 사적인 면이 중요하지도 않았다. 남성의 우정은 권력의 영역에서 반향을 일으켰다. 남성들에게 우정은 아무리 강렬해도—그리고 그 강렬함, 또는 강렬함의 부재는, 남성 우정에서 종종 단지 하나의 활동이나 과업만을 공유하기 때문인데, 이는 또 다른 문제다— 세계의 사건에 영향을 끼친다. 남성 친구들은 대개 서로 마주 보지 않는다. 그보다는 나란히 서서 세상을 마주한다. 반면 여성들 간의 애정에 관한 기록에서 어떤 아름다움을 찾아내든, 이들의 애정 관계는 위로의 공동체라고 불러야 마땅하다. 위로의 공동체라는 표현은 비아냥거림이나 조롱이 전혀 섞이지 않은 말 그대로의 표현이다. 여성들은 바깥세상으로 나가는 남성들에게 양식을 제공했고, 밖으로 나간 남성들을 기다리면서 수동적으로, 인생이 자신에게 더 감내하라고 강요할 것이 무엇일지 두려워하며 서로를 위로했다. 여성들이 드물게 전쟁에 나갔다 해도 그건 남성들 곁이었다. 그러나 브리튼과 홀트비에게 오랜 우정은 남성들의 우정과 다름없이, 세계의 위험에 맞서도록 서로를 지원하고 격려하는 일이었을 뿐 아니라 공적 생활의 세부사항과 거기서 발견되는 고통의 복잡성까지 포괄하는, 힘과 역량을 부여하는 유대를 의미했다.

베라 브리튼과 위니프리드 홀트비의 이야기는 브리튼이 생각한 대로 아무도 모르는 이야기까지는 아니었겠지만 많은 면에서 전해지지 않은 이야기에 가깝다. "하루 종일 각자 다른 경험을 한 후 집으로 돌아와 저녁 늦게 비스킷과 차를 마시며 그날 있었던 일을 서로에게 이야기하는 기쁨에 견줄 만한 즐거움을 우린 느껴본 적이 없다.… 위니프리드와 함께 했던 세월은 다윗과 요나단의 이야기[10]에서 극치에 도달하는 유형의 우정이 남성의 전유물이 아니라는 것을 내게 가르쳐주었다."[11] 요나단은 다윗을 친구라 여겨 죽이지 못했고 그 때문에 훗날 다윗이 이끄는 전투에서 죽음을 당한다. 다윗이 요나단의 죽음을 두고 한 말은 다들 기억하지만 그 함의는 충분히 탐색되지 않은 듯하다. "내 형제 요나단이여, 나 그대 때문에 몹시 슬프다. 그대와 함께 했기에 즐거웠고 나를 향한 그대의 사랑은 여인들의 사랑을 능가하였으니." 다윗은 친구의 사랑을 추억할 때 다른 사랑, 여성들의 사랑을 환기시킨다. 마찬가지로 우정을 성찰하며 중요한 에세이를 쓴 몽테뉴 역시—몽테뉴 역시 다윗과 베라 브리튼처럼 죽은 친구에 관해 쓰고 있다는 것을 떠올려보자—우정의 이상이란 무엇인지 고민한다.

> 진실을 말하자면 여성들의 평범한 역량은 이 신성한 결속을 키우는 교감과 동료애에 미치지 못하며, 여성들의 정신 역시 이토록 단단하고 영속적인 결속의 부담을 견딜 만큼 견고하지 못하다. 그리고 실로 정신뿐 아니라 육신까지 완전한 즐거움을 누림으로써 온전한 인간이 참여하는 자유롭고 자발적인 관계가 구축 가능하다면, 그로 인한 우정은 더 충만하고 온전할 게 틀림없다. 그러나 이 성[여성]은 어떤 경우에도 이러한 우정을 성공적으로 아직 이루지 못했기에, 고대 학파의 공통된 합의에 따라 우정에서 제외되었다.

다윗이 여인들의 사랑을 언급한 것은 요나단을 향한 다윗의 사랑이 여인에 대한 사랑처럼 육체적 사랑이라고 말하기 위함이었다는 것이 오랜 해석이다. 오랜 세월 이어져온 노인들 간의 우정이 서로가 죽을 가능성을 생각하지 않을 수 없듯, 진정한 우정에 육체적 사랑의 가능성이 포함되지 않는다고 누가 단언할 수 있겠는가? 이런 징후들 덕에 우리는 우리가 인간임을 알게 된다. 그러나 다윗은 더 나아가 훗날의 몽테뉴처럼 우정의 본질적 성질을 오랫동안 이해하고 체화했던 것은 여성들이라는 것을 이미 알고 있었다. 친밀함, 인간이 취약하다는 것을 인정하는 태도, 다정하고 개방적인 몸짓 등을 말이다.

친밀함은 대부분의 남성의 영역, 무엇보다 공적 영역에서는 등장하지 않는 특성이었다. 특히 심오한—대개 유감스러운— 영향력을 발휘했다고 기록된 남성들의 영역 내에 친밀함이란 존재하지 않았다. 남성들은 동성끼리는 유대 관계를 맺고 여성들과는 성적인 관계를 맺었지만 현대 심리학자들이 "고도로 다정하고 성적으로 자유로우며 정서적으로 친밀한 관계라 부른 관계를 맺을 능력"은 없었다. 아마 두 가지 이유 때문이었던 듯하다. 첫째, 유대교-기독교 전통에서 남자다움은 돌봄과 온화한 애정이라는 '더 부드러운' 덕목들로부터 자유로운, 전사라는 이미지로 이상화되고 고양되었다. 남자는 자신을 여자나 어머니가 **아닌 존재로 정의**하는 가운데 친밀함이라는 재능을 여성의 것으로 추방시켰다.

두 번째 이유는 남성이 제도권에서 아내를 맞이한다는 뜻이, 남성들이 집에서 쉽게 사용할 수 있는 허가받은 양육자, 돌봄 제공자를 갖게 됨을 의미했다는 것이다. 남성들은 험난한 세상의 타격으로부터 위로를 주고 양식을 주고 위안을 주고, 부드럽게 안심시켜주고 빨래를 해주는 사람에게 돌아갈 수 있었다. (클로디아 쿤츠Claudia Koonz는 히틀러 치하 여성들에 대한 연구에서 이런 패턴이 나치의 이상이었다는 점을 보여준다.) 그렇기 때문에 남성들은 진정한 우정이 어떤 면에서 이상적

결혼과 비슷하다고 짐작했다. 물론 우정도 결혼도 이상적으로
실현되지는 못했다. 남성들에게 우정은 전장의 동지애와 지나치게
닮았던 반면 여성들에게 우정은 수동적 위로에 지나치게 치우쳤던
것이다. 결혼은 또 연애의 영향이 너무 커 우정에서 얻어온 것이
전혀 없었다. 성애 역시 결혼에서는 제약이 많았고 우정에서는
지나치게 엄격할 정도로 금지됐다. 결혼도 우정도 사랑과 삶
자체의 보편적 에너지를 성애로부터 굳이 분리하면서 어려움을
겪었다. 과거에도 지금도 우리는 "난 내 친구를 사랑한다"라고
감히 말하지 못한다.

홀트비와 브리튼 둘 다 프로이트의 저작을 한참 후에 알게 되어
경탄을 금치 못했지만, 둘 중 누구도 프로이트의 「시인과 몽상의
관계」Der Dichter und das Phantasieren라는 에세이를 읽었을 가능성은
낮다. 만일 읽었더라면 여성들은 에로틱한 이야기를 꿈꾸는 반면
남성들은 성공이나 권력 등 야심과 관련된 이야기를 꿈꾼다는
그의 명료한 주장을 인식했을 것이다. 프로이트는 남성들이
성애와 야망을 결합할 수 있다고 보았다. 남성의 몽상 속 각본에는
여성이 있고 남성이 성취해야 할 야망은 그 여성을 위한 것이므로
남성이 성애의 목표로 삼은 여성 안에서 성애와 야망이 결합되는
것이다. 하지만 여성들에게 야망은 결합은커녕 성애 대신 택할
수 있는 선택지로도 여겨지지 않는다. 여성의 삶을 지배하는
몽상 속 각본은 말할 것도 없이, 어떤 소설에서도 여성들에게
성애와 야망은 결합할 요소가 아니라 대립항으로 설정된다. 이런
여성들과 달리 브리튼과 홀트비가 서로의 야심을 소중히 여기고
독려했던 이유는 아마 이들 세대의 남자들이 모조리 죽었기
때문에, 또 분명 전쟁 탓에 우선해야 할 목표가 완전히 달라졌기
때문일 것이다. 프로이트의 에세이에 등장하는 남성들처럼, 이 두

여성 역시 야망을 성적 욕망과 완전히 분리된 것으로 상상하지 않았고, (결혼을 한다면) 야망 안에 성애 요소가 포함될 수 있다고 여겼다. 현실적으로는 이들이 알고 사랑했던 남자들이 대부분 전쟁으로 죽거나 심하게 다쳤던 터라 이런 가능성은 낮아 보였을 수 있다. 그럼에도 불구하고 결혼의 가능성은 여전히 남아 있었다. 브리튼은 실제로 결혼했고, 위니프리드는 임종 때 언급만 했지만 말이다.

1920년에 시작되어 1937년 위니프리드의 죽음으로 끝난 이들의 놀라운 우정은 『우정의 증언』뿐 아니라 두 사람이 서로에게 쓴 편지로도 남아 있다. 위니프리드는 편지에 "일이 없다면 나는 아무것도 아니다"라고 되풀이해 썼다. 위니프리드와 베라는 함께 일할 수 있었고 둘 다 일을 가장 중시했기 때문에 둘의 우정은 각자의 시간과 자율성을 존중하는 가운데 발전했다. 베라가 결혼한 후 위니프리드는 베라가 "가정일이 아내와 어머니의 으뜸 관심사여야 한다는 인습에 맞서" 싸우도록 도왔다.

여성들의 우정을 중시하는 이들에게 『청춘의 증언』과 홀트비가 세상을 떠나고 5년 후에 쓰인 『우정의 증언』에 더해 서간집 두 권이 남아 있다는 것은 큰 행운이다. 서간집 하나는 위니프리드가 미국의 여성군단 Women's Army Corps[12]에 있는 친구에게 보낸 편지들이고, 다른 하나는 홀트비와 브리튼 간에 오고 간 편지다. 두 번째 서간집은 1960년에 출판사를 통하지 않고 500부 한정으로 찍어 구독 형식으로 판매했기 때문에 오늘날 구할 수 없다. 위니프리드와 베라는 대부분 함께 있었지만 떨어져 있을 때마다— 출장뿐 아니라 둘 다 당대의 착한 딸자식이었던 탓에 오늘날의 부모라면 자식에게 요구하리라 상상 못 할 의무를 다하러 고향 집으로 자주 불려갔다—서로에게 편지를 썼다.

브리튼은 홀트비와 주고받은 서간집 서문에서 영국 여성들에 관해 쓴 자신의 많은 저서에서 되풀이될 주제 한 가지를 다시 언급한다. 위니프리드 홀트비가 집으로 끊임없이 불려가던 중에도 소설 쓸 시간을 내려 악전고투했던 일이다. "위니프리드는 간호사, 동반자, 비서에 온갖 일을 도맡는 하녀라는 역할까지 '의무'라는 이름으로 해야 하는, 하늘이 보내준 편리한 존재로 걸핏하면 고향집으로 불려갔다. … 그녀는 아수라장 같은 방해거리들 가운데서도 글을 쓰려 노력했다. … 위기 시엔 늘 대기하고, 질병을 앓는 이들에게 위로를 주고, 온갖 종류의 사소한 가사 부담을 짊어지고 심지어 아픈 친척들을 돌보기 위해 동네 순회까지 하면서도 이미 본인 앞에 닥친 죽음과 사투를 벌여가며 소설 『사우스 라이딩』South Riding을 끝내려 애쓰고 있었다." 『사우스 라이딩』은 위니프리드 홀트비의 중요한 성공작으로 사후 출간되었다.

　출간을 향한 고된 여정 동안, 집필 초기엔 원고를 끝없이 거절당하고 이후에는 혹평을 듣는 내내 홀트비와 브리튼은 서로에게 버팀목이 되어주었다. 이들은 구애하는 남성과 구애받는 여성 사이의 애정에만 익숙한 세상의 눈으로 봐도 연서처럼 느껴지는 글을 주고받았다. "나는 작고 사랑스러운 모든 것 속에서 당신을 봅니다[위니프리드가 베라에게 쓴 내용]. 푸른 물속에서 반짝이는 작은 물고기들, 소복한 털이 바보스러울 만큼 부드러운 호박벌의 흡족한 통통함, 여름 정원의 온기와 빛과 향기가 종소리처럼 환히 울려 퍼지는 가운데서 난 당신을 봅니다. 작고 어리석은 모든 것들, 그런 것들 때문에 당신을 사랑합니다."

　게다가 서로를 향한 우정을 굳건히 쌓아가는 와중에도 두 여성에게는 두루두루 친구가 많았다. 사랑은 사랑을 낳는다.

이들은 일부 결혼이 그러하듯 고립된 둘만의 관계인 **폴리 아 되**folie à deux에 갇혀 있지 않았다. 위니프리드와 베라의 친구들은 제각각 매력적이고 생기발랄한 여성들이었다. 페미니즘 옹호자이자 다양한 명분을 위해 일하는 활동가, 그리고 전문적인 일에 매진하는 인물들이었다. 그 친구들 가운데 2대 론다 자작Viscontess Rhondda이 있다. 이 여성은 아버지인 1대 론다 자작의 법적 후계자로 당시 출판계와 정계에서 중요한 인물이었다. 필리스 벤틀리Phyllis Bentley와 로즈 매컬레이Rose Macaulay는 소설가였고, 엘런 윌킨슨Ellen Wilkinson은 노동당 국회의원이자 의회 담당 비서관에 무엇보다 추리소설 작가였다. 시어도라 보산케Theodora Bosanquet는 헨리 제임스의 비서로 얼마간 일했고(제임스는 후기 소설을 그녀에게 받아쓰게 했다) 훗날 국제대학여성연맹International Federation of University Women의 비서로도 근무했으며, 『타임 앤드 타이드』*Time and Tide*15의 문학 편집자로 활동했고 폴 발레리Paul Valéry에 관한 책을 저술했다. 리베카 웨스트Rebecca West를 비롯하여 그 외 다른 여성들도 많다. 브리튼과 홀트비가 학부생이던 시절 서머빌 칼리지에선 도러시 세이어즈, 마거릿 케네디Margaret Kennedy, 힐다 리드Hilda Reid 등 여러 작가들이 배출되었다. 이들은 모두 브리튼이 『청춘의 증언』에서 "페미니즘을 향해 힘차게 흐르는 보편적 조류"라 칭한 물결을 만들어간 여성들이다. 페미니즘을 향해 힘차게 흐르는 보편적 조류라는 선언은 오늘날 페미니스트들에게 쓰디쓴 냉소가 섞인 체념을 불러일으킨다. 모든 조류가 그렇듯 이 조류 역시 어김없이 뒤로 밀려났기 때문이다.

베라 브리튼과 위니프리드 홀트비의 우정은 공적 기록으로 특별하다. 이들의 우정은 세상에 발자취를 남기고 그 과정에서 세상을 변화시키려 열망했던 두 젊은 여성의 유대에서 비롯되었기

때문이다. 남성과의 어떤 인연도 이들의 운명을 막지 못했고
결혼조차도 그 둘의 길을 중단시키지 못했다. 따라서 옥스퍼드
대학교에서 생겨난 둘의 새로운 우정과 미래를 향한 이들의
계획이 무의식적일망정 남성의 패턴을 따랐다는 것은 놀랍지
않다. 두 사람은 젊은 남성들처럼 대학을 떠나 런던으로 가서
일하며 "살기를" 고대했다. 위니프리드는 이런 열망을 표현한
소설을 읽으며 그 기쁨을 베라에게 써보냈다. "당신을 로드니라
부르고 나를 피터라 부른다면 우리가 자정에 나누었던 대화의
일부와 비슷해지겠죠. 근사해요." 당시만 해도 젊은 여성의 욕망에
맞게 쓰인 젊은 여성을 위한 소설이 전무했다.

 오늘날에는 브리튼과 홀트비가 살았던 시절에 비해 여성들
간의 우정이 더 익숙하게 여겨진다. 그렇지만 홀트비가 『여성과
변화하는 문명』*Women and a Changing Civilization*에서 썼던 내용 중
많은 부분이 지금 이 시대에도 여전히 유용하다는 사실에 소름이
끼친다. 수많은 여성들이 아직도 남성에게 봉사하는 일 외에
자신의 삶이 어떠해야 하는지 비전을 만들어내지 못했기 때문에,
홀트비의 책은 참을 수 없을 정도로 지금 우리 시대의 이야기로
들린다. 홀트비는 또한 공적 생활을 영위하는 많은 여성들이
자신을 페미니스트로 규정하거나 다른 여성들에게 빚지고 있다는
것을 인정하지 않는 태도가 문제라는 점도 언급한다. 홀트비의
결론은 다음과 같다.

> 내 생각에 우리의 요구 뒤에 숨은 진정한 목적은 모든 남성과
> 여성을 똑같이 단조로운 유형으로 환원시키자는 것이 아니다.
> 오히려 진짜 목표는 남성과 여성의 풍부한 다양성을 해방시키는
> 것이다. 우리는 여전히 우리 자신의 본성에 대단히 무지하다.

> 다들 "여성의 특징"이라 말하는 것들 중 얼마나 많은 것이
> 실제로는 "남성의 특징"인지, 그리고 "남성다움" 중 얼마만큼이
> 남성과 여성 모두에게 존재하는지 우리는 알지 못한다. 우리의
> 추측은 대체로 크게 빗나간다. 우리는 심지어 "정상적인" 성애
> 관계가 동성애인지, 양성애인지 이성애인지조차 모르면서
> 함부로 이론을 세우고 무자비한 확신으로 비정상 관계라며 특정
> 형태의 성애에 형벌을 내린다. 우리는 사실에 약간 부합할 수
> 있겠다 싶은 수준의 가설 정도를 거대한 일반론으로 둔갑시키고
> 흡족해하지만, 이러한 일반화는 모든 남성[그리고 여성]을
> 순응시키고 만족스러워 하는 것처럼 보이게 만들려는 우리
> 사회의 급조된 시도에 단연코 순응할 수 없는 개인들에게 규정할
> 수 없어 형언조차 못할 고통을 안긴다.[14]

전기건 자서전이건 여성의 삶을 다루는 모든 작가들, 있어봤자 쓸모없어 보이는 재능을 부여받은 모든 소녀들과 젊은 여성들은 우정과 성애에 관한 홀트비의 견해를 찬찬히 생각해봐야 하며, 무엇보다 타인들이 연루된 곳에서 "더 섬세하게" 걸어야 한다는 홀트비의 충고에 귀를 기울여야 한다. 소위 사회 부적응자들은 오히려 우리 사회에서 재능이 가장 뛰어난 아이들이며, 소녀들과 젊은 여성들이야말로 자신의 삶을 쓰기 위해 다른 이야기가 가장 절실하다.

위니프리드는 자유롭고 폭넓게 사랑하느라 "자기만의" 남자를 꿈꾼다는 생각 자체를 하지 않았던 것 같다. 그녀의 결혼관은 분명 다른 사람들과 달랐다. 그녀는 젊은 남성에 대한 열정에 탐닉하거나, 결혼이 주는 사회적 안정을 위해 여성이 인습적인 삶을 이어가는 대가를 치르는 걸 무가치하다고 생각했다. 그녀는

젊은 여성들이 자신을, 오늘날 우리가 부르는바 "성적인 대상", 당시 위니프리드가 부른바 "성적으로 성공한" 존재로 보는 태도가 그들을 끌어들이는 함정임을 알고 있었다. 위니프리드는 아이들을 사랑했고, 베라의 자식들뿐 아니라 자신의 조카들까지 오랜 세월 보살피면서도, 모든 여성이 늘 자식 옆에 있어줘야 한다고 생각지 않았다. 위니프리드의 소설 『푸른 생강의 땅』*The Land of Green Ginger*의 등장인물 조애너Joanna는 이렇게 말한다. "나쁜 계약은 잘 맺어봤자 나쁜 계약이고 그런 건 위험해요. … 나 자신에게 최선을 다해야 아이들에게 최선을 다할 수 있다고 생각해요. … 아이들은 내가 자기들을 보호해주고 또 자기들 앞에서 지혜로운 어른이길 바라잖아요. 나 자신을 지혜롭게 대하지 못하면서 어떻게 아이들을 지혜롭게 대할 수 있겠어요? 나 자신이 별로인데 아이들이 나보다 더 나은 인간이 되도록 어떻게 돕겠어요?" 조애너의 남편은 아내가 이따금씩 아이들 없이 행복하다는 사실에 충격을 받는다. 남편은 "어머니란 남편이나 미혼 여성들은 모르는 가치 기준, 즉 자식들을 끝없이 돌보고 감독해야 하더라도 자식들이 있어야만 행복하다는 가치 기준을 갖고 있다는, 많은 남성들의 흔한 생각을 고수하고 있었던 것이다."

브리튼은 홀트비와의 우정에 관해 썼을 당시 레즈비언이라는 비난으로부터 자신을 보호해야 한다고 느꼈다. "여성은 질투 탓에 서로 사랑하고 존중할 능력이 없다는 거짓을 조장해 남성들에게 돋보일 수 있다고 믿는 개인주의자 여성들"의 말을 반박하기란 별로 어렵지 않았다. 그러나 브리튼이 심각하게 대응해야겠다고 느낀 대상은 "여성들 간의 애정에 대한 기록이라면 무엇이건 의심하고 보는 회의론자들, 과도하게 세련된 이들의 습성인 의심부터 하고 보는 회의론자들이었다. '심한걸, 너무 첼시

풍[15]이잖아!' 위니프리드는 일부 열성 친구들이 동네에서 퍼지는 둘에 대한 풍문을 언급하면 사람 좋게 농을 하곤 했다."

"더 섬세하게" 걸어야 한다고 말하는 홀트비의 말에 우리가 오늘날 귀를 기울인다는 것은, 에이드리언 리치가 여성들 간의 관계를 스펙트럼, 즉 연속체라고 파악했듯, 여성들 간의 사랑이 열렬한 육체적 사랑부터 결혼한 여성들이나 남성들과 함께 살고 있는 여성들 간의 우정까지 확장된다는 뜻이어야 한다. 리치가 증언했듯, 그리고 리치와 함께 초기 페미니즘의 경험을 공유했던 모든 이들이 동의하듯, 그 최초의 의기양양한 페미니즘 논의들은 에로틱했고, 그 에로티시즘 혹은 성애의 에너지는 자신의 일과 정치사상을 향한 열의를 공유한 모든 친구들 사이에서 지속된다. 여성 간 우정의 징후는 우정을 나누는 이들이 동성애자냐 이성애자냐, 연인이냐 여부가 아니라, 이들이 공적 영역의 일을 할 경이로운 에너지를 공유하느냐 여부에 있다. 이 여성들, 일부 눈에 보이지 않는 이 여성들이야말로 여성 전기 작가들이 반드시 발굴해야 하는 벗들이다.

6.

여성의
공적 자아가 지닌 힘

> [마릴린 먼로]는 여자다움을 체현했다. 우리는 누구나 여자다움을 체현하도록 훈련받는다.
>
> … 글로리아 스타이넘

우리는 과거가 암시하는 바를 인식해야 한다. 여성들은 청년기가 훌쩍 지나고 나서야 비로소, 십중팔구는 무의식적으로, 다른 이야기를 창조하기 시작한다. 새로운 이야기를 창조할 때조차 여성들은 자신이 창조한 이야기가 남다르다는 것을 알아차리지 못한다. 대개 이들은 자신이 하는 일의 이유가 스스로 알고 있는 명백한 이유 외에 다른 건 없다고 믿는다. 정작 숨겨진 이야기를 짐작하는 것은 시간이 지나 뒤늦은 깨달음을 얻거나, 아니면 전기 작가의 상상력을 통할 때다. 나는 이런 숨은 이야기가 밝혀지는 방식을 예증하기 위해 나 자신을 사례로 사용하기로 했다. 1964년부터 내 본명 대신 어맨다 크로스 Amanda Cross라는 필명으로 추리소설을 출간하고 수년간 그 이름을 완벽히 비밀에 부쳤던 이유들을 분석하기로 한 것이다. 왜 가명으로 추리소설을 쓰기로 결정했는지 설명해달라는 요청을 수차례 공개적으로 받고 나서야 내가 늘 정답으로 삼았던 해명이 불충분할 수 있겠다는 생각이

들었기 때문이다.

　내가 갖고 있는 인상은—그리고 난 이것이 그저 인상에 불과하다는 점을 강조하고 싶다—유명한 극소수의 남성 작가들을 예외로 하면, 남성보다 훨씬 더 많은 여성이 가명으로 작품을 쓰고 있고, 이미 19세기 초부터 그래왔다는 것이다. 여성들이 가명으로 글을 써온 데는 철저히 검토해야 할 본질적 이유가 있다. 길버트와 구바의 말대로 "[여성의] 가명은 권력을 지닌 이름, 제2의 자아를 향한 신성한 부활의 표식, 언어적 권위를 가진 주체로 거듭나는 변신의 계기였다."[1]

　어맨다 크로스라는 필명으로 추리소설을 쓰기로 결정했던 당시 내게 꽤 현실적인 이유가 없던 것은 아니다. 지금도 별반 다르지 않지만 특히 당시엔 내가 강의하는 대학 영문학부의 종신교수직 심사 담당자들이 내가 추리소설을 쓴다는 사실을 알게 되면 심사에 아주 불리할 것이라고 생각했다. 난 필시 종신직 심사에서 탈락했을 것이다. 실제로 나보다 먼저 심사를 받았던 한 교수는 여러 편의 소설—"대중문화"로 분류되는 소설이 아니라 본격 소설—을 썼는데 그 이유로 종신직 자리를 받지 못했다. 본인의 추정은 그렇다. 영문학과 교수들이 소설 창작에 발을 들이면서 당하는 이 가혹한 대응의 동기를 분석하려는 건 아니다. 하지만 가혹한 건 분명하다. 그러니 필명으로 소설을 쓴 이유는 명백했다. "진짜" 정체성은 있는데, 아무리 솜씨가 좋아도 하찮다고 여겨지는 딴 짓에 몰두하려면 본격 학문을 위해 쓰는 이름이 아닌 다른 이름을 쓰자는 것이었다.

　지금의 나는 가명을 쓴 이유가 그게 전부는 아니었다고 생각한다. 여성이 가명으로 글을 쓰기로 작정하는 데는 겹겹이 쌓인 여러 층위의 의미가 있다고 믿기 때문이다. 그러나 가장 중요한 점은, 여성 작가는 의식을 하건 말건 글을 쓸 때 또 다른 자아, 여성이 처할 다른 운명의 가능성을 창조한다는 것이다. 여성운동이 일어나기 전에 세상을 살아가던 여성들은 다른 운명을 상상하기만 해도 불안에 휩싸였기에 캐어 묻기 좋아하는 시선들로부터 작가라는 정체성을 숨기고 싶어 했다.

    샬럿 브론테는 출판사에 자신의 정체성을 가리켜 "남성도 여성도 아니다"라고, "나는 오직 작가로 귀하 앞에 서 있습니다. 귀하께서 나를 판단할 권리가 있는 유일한 기준도, 내가 귀하의 판단을 수용할 수 있는 유일한 근거도 내가 작가라는 사실뿐입니다"라고 써서 보냈다. 샬럿 브론테가 자신이 써낸 특정 장면들이 "여자답지 못하다"라는 평가를 받을 때 그런 판단의 근거는 자신이 여성이라는 이유뿐이며, 남성이라면 "그런 판단을 피할" 수 있으리라 느낀 데에는 분명 온당한 이유가 있었다. 그녀는 마고 피터스Margot Peters가 "익명성이라는 보호막"이라 부른 상태에서 소설 『빌렛』Villette을 출간하고 싶어 했다.² 샬럿의 익명성에 대한 욕망은 실로 압도적이라 할 만했다. 실제로 절친한 지인들조차도 그녀의 소설이 "올이 굵고 거칠며" 열정을 표현하는 방식이 부적절하다고 비밀스레 혹은 공공연히 생각했다고 한다. 매슈 아널드는 『빌렛』이 갈망과 반항과 분노로 꽉 차 있다는 이유로 싫어했는데 이는 그가 동시에 이 작품의 힘을 알아봤다는 뜻이기도 하다. 그러나 아널드는 여성 작가들이 이런 힘을 드러내는 것은 그냥 넘길 수 없을 만큼 주제넘은 짓이라고 여겼다.

    조르주 상드 역시 필명을 선택했지만, 앞에서 살펴본 대로 상드에게는 필명보다 남성성의 체현, 남성처럼 움직일 자유가 우선이었다. 조지 엘리엇 역시 알다시피 익명성을 통해 안전을 도모했다.

하지만 이 모든 사실이 1964년 영문과 조교수였던 나와 무슨
상관이란 말인가? 나는 문학의 거장 브론테와 상드와 엘리엇처럼
자유를 억압받지도 않았는데? 1960년대 초 추리소설을 쓰기
시작한 여성인 나의 상황과, 법적 정체성이나 권리를 갖지 못한
19세기 여성들의 문제가 무슨 관계가 있을까? 1970년대가
가져다준 복장과 이동의 자유까지는 아니어도 내가 활동하던
1960년대까지 그 이전의 여성들이 성취해놓은 행동의 온갖
자유를 누리면서 전문직 승진 걱정이나 하는 나 같은 여성을,
온갖 제약에 시달렸던 이 여성들, 여성의 성취라는 유산 하나 없이
강력한 관습에 갇혀 죄수처럼 살았던 이 여성들과 비교하는 게
가당키나 할까?

내 생각에 여성들은 자신의 정체성 외의 "다른" 정체성을
오랫동안 탐색해왔고 지금도 하고 있다. 여성들은 자신을 가두는
성별 관습에서 벗어나려 애썼다. 로맨스의 자극적 감흥 섞인
이야기를 풀어놓거나 프로이트의 가족 로맨스대로 살아가는
데 만족하지 못하는 여성 작가에겐 탈출 수단이 두 가지 있었다.
하나는 익명성이라는 울타리, 비밀의 안전망에 작가 정체성을
숨긴 채 글을 쓰는 한편, 일상의 자아는 보호하면서 자신에게
맞는 삶을 살아가는 것이었다. 또 하나는 여성에게 요구되는
예의범절에 구속받지 않고 인생의 모험을 대놓고 재연할 수 있는
여성 캐릭터, 때론 남성 캐릭터를 작품 속에 창조하는 것이었다.
샬럿 브론테처럼 두 가지 방편을 모두 활용한 작가들도 있다.
조지 엘리엇은 "중요한 상대"였던 조지 헨리 루이스가 대중이나
출판사나 평론가들의 온갖 공격에서 자신을 보호해준 덕에 여성의
새로운 운명을 재창조까진 못했다 하더라도 자기 시대의 삶을
천재적이고 슬기롭게 탐구했다. 윌라 캐더는 외부의 시선으로부터

자신의 사생활을 철저히 보호하며 살았고, 프린스턴 대학교에서 여성에게 수여하는 최초의 명예학위를 받음으로써 "지난 10여 년 동안 현존하는 어떤 대학도 그녀의 성별을 잊고 받아주는 기적을 자신이 이루었다는 것을 잘 알고 있었다"[3]라고 루이즈 보건은 썼다. 그러나 우리가 알다시피 캐더는 대학 시절 남자처럼 입고 다녔고, S. S. 매클루어S. S. McClure의 자서전을 대필하면서 매클루어를 남성 모험가로 묘사해놓았는데 그 묘사가 얼마나 그럴듯했던지 매클루어의 가족조차 그 자서전을 본인이 직접 쓰지 않았다고 상상하지 못할 정도였다. 캐더는 여성이라는 자신의 성별에 대한 기대에 맞춰 꿈을 실현하는 삶에 적응하지도, 그렇다고 온전히 자신으로 존재할 수 있는 자리를 공적 영역에서 찾아내지도 못했다.

이제, 위대한 이름을 지닌 유명인들의 이야기를 뒤로하고 1963년의 나, 30대 후반인 한 여성의 이야기로 돌아가보자. 그녀는 왜 추리소설을 쓰기로 작심했을까? 시간이 남아 돌아서는 분명 아니었다. 당시 그녀에게는 여덟 살이 안 된 세 아이, 새 식구가 된 커다란 개 한 마리, 경제학 박사 과정을 다시 시작한 남편에 정규직 일까지 있었다. 그녀의 동기는 분명한 동시에 불분명했다. "알고 있는" 동기 "하나"는 있었다. 영어로 된 추리소설은 모조리 여러 차례 읽어버려서 더 이상 읽을 게 없다는 것이었다. 그녀는 영어권 추리소설 작가들이 제공하지 못했거나 제공했어도 충분하지 못한 소설의 세계로 들어가고픈 어마어마한 욕구를 느꼈다. 읽을 게 없다면 직접 쓰지 못할 이유가 어디 있단 말인가?

이 같은 생각을 하는 사람들은 많지만 실행에 옮기는 사람은 극히 드물다. 이유는 당연하다. 추리소설을 쓰는 작업은 굉장히 힘들기 때문이다. 구상은 쉽지만 끝까지 집필하기 어렵고,

완성보다 포기가 쉽다. 최근 들어서야 비로소 나는 추리소설을 읽는 데서 그치지 않고 직접 쓰고 싶다는 욕망만으로 나의 집필을 충분히 설명한 게 맞는지 자문하게 되었다.

지금와 돌이켜보니 나만의 공간을 만들고 싶은 엄청난 열의가 추리소설을 쓴 동기였다는 생각이 든다. 물리적 공간 마련은 불가능에 가까웠다. 당시 뉴욕시의 아파트 임대 비용은 요새만큼은 아니어도 턱없이 높았다. 게다가 우리 부부는 아이들에게 각방을 주는 것이 내 방을 따로 마련하는 것보다 시급하다고 여겼다. 나는 그 시절 나와 비슷한 또래의 지인들이 살던 교외의 집을 방문할 때마다(그들은 우리가 비싼 도시 살림을 고집하는 걸 내 직장 생활만큼 희한하게 여겼다) 한 가지 사실에 주목하곤 했다. 그 교외의 집에는 조용하고 아늑한 서재, 갖출 건 다 갖춘 지하실, 세탁실, 그리고 식구들 각자의 방까지 있어도, 아내나 어머니를 위한 방은 없다는 것을 말이다. 당연했다. 아내나 어머니는 집 전체의 소유자로 여겨졌으니까. 앤 섹스턴은 탁월한 시로 이 문제를 다루었다. 시는 당시 많은 사람들을 충격에 빠뜨렸다.

> 주부
>
> 어떤 여성들은 집과 결혼한다.
> 집은 또 다른 종류의 피부다. 집에는 심장이 있다.
> 입과 간과 장이 있으며 저마다 움직인다.
> 벽은 영원하며 분홍빛을 띠고 있다.
> 보라, 그녀가 하루 종일 무릎을 꿇고
> 자신을 충실히 씻고 있는 모습을.

남자들이 집으로 마구 들어와 요나[4]처럼
살집 두둑한 어머니의 품에 느긋이 드러눕는다.
여성은 자신의 어머니다.
중요한 건 그것.

교외의 꿈같은 집에 여성의 공간이 전혀 없다면 하물며 도시의 좁디좁은 아파트에 공간이 있을 확률은 얼마나 가당찮겠는가. 지금 짐작하건대 물리적 공간을 가질 수 없었던 나는 심리적 공간이라도 갖고 싶었던 것 같다.

본래 내가 갖고 있던 정체성과 다른 정체성, 다른 역할을 찾고 싶었던 이유도 있었다. 나는 내가 편안하게 상상할 수 있는 가능성 이상의 가능성을 보여주는 운명을 타고난 인물을 창조하고 싶었다. 샬럿 브론테라는 천재 작가는 제인 에어라는 캐릭터를 창조할 때 나와 마찬가지로 새로운 서사에 굶주려 있었고 기존의 관습에 반기를 들고자 했다. 샬럿에 비하면 내 재능은 보잘것없지만 우리의 욕망만은 비슷하다. 별 볼 일 없는 소설, 판에 박힌 소설이라도 직접 써보면 천재 작가들이 글을 쓰는 방식에 대해 많은 것을 배우게 된다. (문학을 가르치는 선생들은 예외 없이 소설 한 편은 써서 출간해봐야 자신이 가르치는 문학의 근본을 이해할 수 있다는 생각을 자주 하긴 했지만 그건 또 따로 논의가 필요한 문제다.)

많은 여성 작가들은 첫 소설에 남자 주인공을 내세웠다. 조지 엘리엇, 샬럿 브론테, 윌라 캐더, 메이 사튼 등이 그랬다. 그리고 이른바 추리소설의 황금기였던 1920년대에 소설을 쓴 유명한 여성 작가들도 모두 남성 탐정을 주인공으로 세웠다. 훗날 일부 작가들은 남성 탐정과 활동하는 여성 탐정을 창조하거나 아예 여성 탐정을 내세우기도 했다. 애거서 크리스티Agatha Christie의 미스 마플Miss Marple, 조지핀 테이Josephin Tey의 미스 핌Miss Pym, 세이어즈의 해리엇 베인이 그들이다. 실은 수많은 남성 추리작가들도 일시적이나마 여성 탐정을 창조했다. 그러므로 돌이켜보면 나 역시 남자 탐정 캐릭터를 만들어내는 것이 합당한 행동이었을 수 있다. 아주 잠깐이지만 정말 남성 탐정을 만들어보려 했던 기억이 난다. 물론 황급히 포기하긴 했다. 이번에도 그럴듯해 보이는 핑곗거리는 있었다. 남성들이 하는 말은 알아들어도 사고방식은 제대로 알지 못한다는 이유였다. 게다가 나는 여성들이 남성 주인공을 등장시킨 현대 소설들—그중에는 네이딘 고디머Nadine Gordimer가 최근에 쓴 소설도 있었다—을 꽤 읽었기에 남성의 다른 측면은 고사하고 섹슈얼리티를 재현하는 게 쉽지 않은 문제라는 점을 파악하고 있었다. 1950년대와 1960년대 초처럼 보수적이고 따분한 시절에도 성적인 생각이나 경험이 전혀 없는 남성 탐정을 창조하는 건 상상조차 할 수 없었다. (별 건 아니지만, 19세기 여성 작가들은 이런 기대 자체가 별로 없던 시대를 살았다는 점에서 유리한 위치에 있었던 셈이다.) 하지만 문제는 그것만이 아니었다. 프로이트 출현 이후 우리가 살던 시절—나의 세대는 프로이트에게 고개를 숙인 채 끊임없이 경의를 표한 세대다—소설에서 여성성을 포기한다는 것은 끔찍한 비난과 의혹에 자신을 노출시킨다는 뜻이었다. 사회가 기대하는 올바른 아내, 어머니 역할이라는 가면을 쓰고 나처럼 고군분투하던 여성들에게 여성성을 포기한 인물을 창조한다는 것은 위험천만한 시도였다. 참 다행스럽게도 요즘이야 많은 여성 추리소설 작가들이 레즈비언이든 이성애자든 성적으로 능동적인 여성 탐정을 창조하는 시대라, 섹슈얼리티에

구애받지 않는 자유로운 인물을 창조하는 데 제약이 있었다는 것을 상상하기 힘들겠지만, 당시 그 제약은 엄연한 현실이었다.

그래서 나는 결국 환상을 지어냈다. 자식도 남편도 없고, 타인들의 의견에 얽매이지 않으며 부유하고 아름다운 케이트 팬슬러Kate Fansler라는 여성을 새로 창조한 것이다. 그녀는 지금의 내게도 현실이 아닌 세계 속 인물로 보인다. 그녀가 처음 등장했을 때와 달리 요즘 들어 환상 속 인물과 거리가 있어 보인다는 점—음주와 흡연이 지나치고 결혼을 했다는 이유로 비판받고 있다는 점—은 당시 나의 의도가 아니라, 관습도 변한다는 점, 그리고 내가 시대를 예언하는 능력은 좀 있었다는 점을 말해준다고 봐야 한다. 나는 내 소설의 여주인공에게 온갖 것을 준 뒤 그녀가 그걸로 뭘 할 수 있는지 보고 싶었다. 물론 그녀는 (남성 서사에서처럼) 모험을 떠났고 (남성의 역할을 따라) 기사가 되었으되 공주가 아닌 왕자들을 구했다. 훗날 나는 데니스 레버토프의 시구를 발견했다.

> 어린 시절 꿈속 연극에서 난 언제나
> 기사거나 기사의 종자였지
> 기사가 구하는 숙녀가 아니었다.
> 모험을 추구하는 자, 탄원하는 자, 이기거나 지는 자였지
> 구애 대상인 여인이 아니었다.

(케이트 팬슬러가 남성의 도움을 받았다는 점은 중요하지 않다. 우리는 누구나 도움이 필요하니까. 케이트는 특정 남성 개인에게 의지한 것이 아니라, 뉴욕 경찰이나 검찰청에 의지한 것이다. 이들이 없었다면 행동 자체가 불가능했으니까.) 케이트는 배짱이

두둑했다. 물론 그녀는(가령 여성 환자가 성적 학대를 당했다고
불만을 토로하는 것이 모조리 망상에 불과하다고 생각했던
프로이트의 견해를 맹신하는 따위) 지금의 내가 구식이라 할 만한
시각을 갖고 있긴 했지만, 시간이 지나면서 변했고 배웠다. 누가
됐건 그 정도 외에 상대에게 뭘 더 요구할 수 있겠는가.

내가 가장 자주 받는 질문은 왜, 어쩌다, "어맨다 크로스"라는
필명을 선택했느냐는 것이다. 그런 건 하등 중요하지 않은
문제였다. 적어도 당시에는 중요하지 않아 보였다. 언젠가 남편과
함께 노바스코샤의 외딴 곳에 갇혀 오도 가도 못 했던 적이 있다.
구조를 기다리는 동안 우리는 "맥찰스 크로스"MacCharles Cross라
쓰인 도로 표지판을 보면서 생각했다. 남편은 분위기를 띄우려고
우리 둘 중 필명이 필요한 상황을 맞게 된다면 저 이름이 좋겠다고
말했다. 1963년 첫 추리소설을 탈고하면서 그 순간이 기억났지만
내 책은 누가 봐도 작가가 여성이라 성은 몰라도 이름은 여자
이름을 써야 한다는 말을 들었다. 나는 "어맨다"라는 이름을
선택했다. 노엘 카워드Noel Coward의 초창기 연극 이후로 그 이름을
쓴 사람이 하나도 없다는 (나중에 밝혀진 바 완전히 잘못된)
인상 때문이었다. 최근 몇 년 동안 이 필명을 선택한 걸 두고
이러쿵저러쿵 많은 뒷얘기가 많았다. 애거서 크리스티의 알파벳
첫 글자 A와 C를 땄다, '크로스'cross라는 낱말이 내가 추구하는
갈등과 긴장과 선택 등 많은 의미를 담고 있다, 'a-man-da-
cross'라는 표현 자체에 의미가 없지 않다는 등의 얘기들이다. 이
모든 주장이 맞는다고 나는 생각한다. 심지어 「아담의 부인」Adam's
Rib이라는 영화에서 캐서린 헵번이 맡았던 '어맨다'라는 이름을
따른 것이라는 주장까지도 맘에 든다. 내가 그 영화를 본 것은
불과 몇 년 전 텔레비전에서지만. 더 일찍 보았더라면 어맨다라는

이름이 헵번의 이름이라는 이유만으로도 족히 매력적이라 느꼈을 것이다. 낱말이나 이름은 콜리지Coleridge가 제대로 지적했듯 거기 붙은 함의라면 뭐든 다 담아내야 한다.

내게는 비밀을 지킬 매우 타당한 이유가 있었지만, 지금 생각해보니 비밀은 비밀이라는 사실 자체만으로도 믿을 수 없을 만큼 매력적이다. 비밀은 힘이다. 물론 비밀을 지키려면 인정과 유명세와 명망을 포기해야 한다. 그런 게 생길 경우에 한해서겠지만 말이다. 하지만 내 경우 그걸 포기하긴 어렵지 않았다. 나는 유명세를 좋아하지 않고, 정규직 직장이 있었기 때문에 추리소설 작가로 유명세가 없어도 먹고살 수 있었다. 나는 이 비밀 덕에 내 인생에 대한 주도권, 특히 종신직을 갖기 전, 여성운동 전 시기에 다른 무엇으로도 느낄 수 없었던 주체 의식, 내 운명을 내가 통제한다는 느낌을 갖게 되었다고 생각한다.

(간단히 언급해두자면, 내 비밀은 아주 쉽게 지켜졌다. 남편과 출판 에이전트와 출판사 외에는 아무에게도 말하지 않았기 때문이다. 도리스 레싱은 최근 가명으로 소설을 출간하는 곡예를 했는데, 그 동기는 별로 살피게 될 것 같지 않다. 어쨌거나 레싱 역시 친구나 지인들에게 전혀 이야기하지 않았기 때문에 비밀이 쉽게 지켜진다는 것을 알게 되었다. 그러니 내 직감이 옳다는 것이 입증된 셈이다. 하지만 아찔했던 순간이 있긴 했다. 내 첫 소설이 에드거 상 후보에 오른 것이다. 에드거 상은 매년 미국 추리작가협회Mystery Writers of America가 가장 좋은 데뷔작 추리소설에 수여한다. E. B. 화이트E. B. White의 말대로 많은 사람들 앞에서 상을 받는 것은 아주 기쁜 일이다. 하지만 상을 받는다면 내 정체가 드러날 티였다. 나는 최종 수상에서 탈락하기를 기도했다. 상을 타면 좋을 수도 있겠다는 식의 망설임 따윈 없었다. 결국 상은 다른

작가의 랍비 추리 시리즈 첫 권이 차지했다. 난 크게 안도했다.)

그러는 동안 케이트 팬슬러와 그녀의 모험 서사를 써나가면서 나는 자신을 다시 창조하고 있었다. 나는 여성들의 작품 창조와 자기 창조는 동시에 이루어진다고 생각한다. 상드는 파리로 가서 남장을 했다. 콜레트는 남편에 의해 방에 갇힌 채 남편의 대필 작가가 되었다. 그것이 글쓰기라는 끔찍한 위험을 감수하기 위해 그녀의 자아가 요구한 것이었다. 창작 자아가 강화되었을 때조차, 콜레트는 남편을 떠나 자신의 이름을 찾는 데 큰 어려움을 겪었다. 그녀가 찾은 자신의 이름은 여성의 정체성을 갖춘 이름이자, 콜레트라는 아버지의 성을 딴 가부장제의 의미까지 깃든 고유한 이름이었다.[5]

덧붙일 점 하나. 여성 작가들에게 이러한 자기 창조 행위는 키츠 같은 작가들에 비해 인생에서 더 늦은 시기에 일어난다. 조지 엘리엇은 첫 소설을 출간할 당시 38세였다. 윌라 캐더도 마찬가지다. 버지니아 울프도 30대에 첫 소설을 발표했다. 여성 작가들에게는 보편적이진 않아도 충분히 자주 일어나는 현상이기에 주목할 가치가 있다. 자신에 대한 사회의 기대에 맞서는 행동을 하려면 청년의 무모한 과감함이 필요할 수도 있고 중년의 더 냉정한 결단력이 필요할 수도 있다. 남성들은 성취를 향해 꽤 예측 가능한 경로를 따르는 경향이 있지만 여성들은 각성한 후에야 자신을 변화시킨다. 그리고 그 각성은 나중에 인생을 돌이켜볼 때나 돼야 식별이 가능하다.

내 이중생활에는 재미있는 사건도 있었다. 어맨다 크로스라는 비밀이 밝혀지기 전, 나는 두 개의 이름으로 편지를 주고받곤 했고, 한 번은 같은 사람에게 두 이름으로 각기 다른 편지를 쓴 적도 있다. 저명한 연극과 교수이자 추리소설 평론가인 제임스

샌도 James Sandoe는 어맨다 크로스에게는 소설에 대해 편지를 썼고, 캐럴린 하일브런에게는 양성성과 도러시 세이어즈에 관한 그녀의 에세이를 주제로 편지를 쓰기도 했다. 결국 나는 샌도 교수에게 하일브런과 크로스가 동일인이라는 사실을 실토했다.

내 생각에, 자서전이 소설에서 어떻게 작용하고, 소설이 자서전에서 어떻게 작용하는지 이해하기 시작한 건 요즘 들어서다. 가령, 소설에서 어머니의 문제를 생각해보라. 플로렌스 나이팅게일은 직업이나 목적이 없는 삶에서 자신이 느끼는 절망에 대해 쓰면서, 젊은 여성들이 소설을 읽으면서 시간을 보내는데, 그 소설에서 "여주인공에게는 대개 가족의 연이 전혀 없거나(거의 예외 없이 어머니가 없다), 가족의 연이 있다 해도 이들이 여주인공의 완전한 독립을 방해하지 않는다는 데" 주목했다. 여성들이 쓴 대부분의 소설에 등장하는 여주인공은 어머니가 없거나 무력하고 흡족하지 못한 어머니가 있다. 조지 엘리엇을 생각해보라. 제인 오스틴과 브론테 자매를 생각해보라. 통상 이들의 소설에 등장하는 여성들은 매우 외롭다. 이들은 동성 친구가 전혀 없고, 가끔 있다고 해도 그나마 자매다.

오늘날의 여성운동이 일어나기 전, 즉 1970년 이전에 어머니는 딸에게 어떤 기능을 했을까? 어머니의 결함이 무엇이든, 어머니의 삶에 어떤 좌절이나 만족이 있든 어머니의 소명은 딸이 가부장제에서 자리를 잡도록 준비시키는 것, 다시 말해 결혼해서 자식(가급적 아들)을 낳고 남편의 출세를 돕도록 채비시키는 것이었다. 그러나 어머니건 딸이건 많은 여성들의 상상 속에서는 다른 삶에 대한 꿈이 요동치고 있었다. 개인의 성취에 대한 꿈, 어려운 사실과 복잡한 문제를 이해하고 통제하는 꿈, 여성들이 충분한 숫자로 존재해 성취를 일군 여성들을 외롭거나 비정상적으로 만들지 않는 공동체에서 자리를 잡는 꿈. 그중에서도 어머니가 딸을 향해 바라는 가부장적 소망의 침입을 받지 않고, 내가 사랑하는 어머니, 불쌍한 어머니를 다치게 할 위험 없이 자기 삶의 주인이 되는 꿈이다.

익명성 뒤에 안전하게 숨어 케이트 팬슬러를 창조한 나는 그녀에게 부모를 주되 이미 사망했다고 설정했다. 그래서 팬슬러는 부모를 자유롭게 싫어하고 적대시할 수 있었다. 물론 그 부모는 팬슬러에게 안락한 삶을 영위할 수입을 남길 만큼 좋은 분들이긴 했다. (그래서 새뮤얼 버틀러는 『만인의 길』*The Way of All Flesh*을 쓰면서 자식들은 누구나 태어날 때 넉넉한 파운드 지폐 다발에 싸인 채 버려져야 한다고 조언했던 것이다.) 캐럴린 하일브런은 사실 부모를 사랑했다. 아버지를 존경했으며 어머니에 대한 애정 어린 보호 의식을 갖고 있었다. 그러나 그녀의 부모는 보수적이었다. 이들은 세상을 재창조하고 그 속에서 여성이 다른 운명을 마주할 가능성을 모색하려는 딸의 소망을 이해하지 못했다. 어맨다 크로스는 추리소설이라는 대수롭지 않은 형식을 빌려, 자신이 지금 더 이상 자신에게는 아니더라도 여성들에게 바랐던 운명, 즉 여성의 상상력에 새기고 싶은 다른 삶을 써낼 수 있었다.

그러나 무엇보다 중요하게 인식해야 할 점은 1963년의 캐럴린 하일브런은 자신의 삶에 불만이 없었다는 것이다. 그녀는 플로렌스 나이팅게일이나, 해워스Haworth에 고립되어 있던 샬럿 브론테처럼 어떤 사건이 자신을 구출해주는 꿈을 꾸진 않았다. 하일브런은 지금처럼 그때도 자신의 삶이 충만하고 만족스러우며, 앞으로 더 충만하고 행복해질 가능성이 크다고 생각했다. 그런데도 그녀가 심리적 공간을 찾고자 했던 까닭은 개인적 좌절

때문이 아니라 에로틱한 로맨스를 쓰지 않은 거의 모든 여성
작가들의 특징인 바람, 1950년대와 1960년대 초 가능해 보였던
것보다 더 많은 공간, 더 적은 방해, 더 많은 모험, 그리고 모험을
통한 더 지혜로운 여성들과의 동료애, 더 많은 위험을 감수하려는
의지, 두려움 없이 운명과 맞서는 태도를 바라는 소망 때문이었다.
 여성의 운명을 바꾸려는 소망 중 의식적인 부분은 얼마나
됐을까? 의식적인 부분은 전혀 없었다. 케이트 팬슬러에게서
부모를 빼앗는 설정이 내 부모를 향한 나의 양가적 감정을
보여준다는 말을 들었다면, 난 그런 게 아니라고 강력히
항변했으리라. 글을 쓰는 의식적인 이유는 죄다 좋은
것들뿐이었다. 그 이유들은 잘 통했고, 내 행동을 설명하기에
모자람이 없었다. 그러나 진짜 이유들을 통해 나는 의식 저 아래
층위에서 내 인생에 관해 쓸 수 있었고 온전히 알았다면 도저히
감당할 용기를 내지 못했을 경험을 할 수 있었다. 다른 여성들이
스스로 그렇게 쓸 방법들을 찾아냈듯 말이다. 내 생각인데 가령
버지니아 울프는 여성들에게 제공된 서사가 자신의 욕구를
채워주지 못한다는 것을 일찌감치 무의식 깊은 곳에서 깨달았다.
그녀의 생애와 작품은 동시대 어떤 작가의 작품과 견주어도 지지
않을 만큼 중요했지만, 최근까지도 학계에서 제대로 연구된 적이
없다. 말 그대로 우리에겐 그 작품들을 분석할 언어나 이론이나
시각이 없었기 때문이다. 울프의 소설은 어느 것이건 세간의
서사와 낡은 인식에 맞선다. 그녀는 우리가 모성이라 부르게 된
사랑, 극소수의 남성들이 (연애 밖에서) 제공할 수 있는 사랑,
여성들이 다른 여성들에게서 찾지 말라고 주의 깊게 훈련받아온
사랑을 바라는 강력한 욕구를 내면에서 느꼈다. 버지니아 울프는
함께 살면서 자신을 돌봐줄 남성을 찾아냈고, 자신을 사랑해줄

여성들도 찾아냈다. 그녀는 사랑받고 싶은 욕구가 있었고 자신이 그렇다는 것을 잘 알고 있었다. 내 생각에 우리 여성들은 대부분 사랑받고 싶은 욕구를 사랑을 줄 욕구로 바꾸며, 그 결과 남성들과 자식들이 자기 삶에 몰두하느라 우리에게 줄 사랑이 넉넉지 못한데도 실제로 줄 수 있는 것 이상의 사랑을 이들에게 기대하게 된다. 그러나 울프는 욕구 때문이건 천재성 때문이건, 아니면 둘 다 때문이건 클로이Chloe와 올리비아Olivia[6]가 연구실에서 나란히 연구할 때, 여성들이 자기만의 방과 자기만의 돈(즉 권력)을 갖게 될 때 여성의 운명에 대한 낡은 이야기, 오래된 결혼 이야기가 여성을 위한 다른 이야기, 다시 말해 탐험의 이야기에 길을 내주리라는 것을 알고 있었다.

그래서 1963년의 캐럴린 하일브런 같은 여성들, 그보다 전 시대의 작가들은 프로이트의 가족 로맨스 바깥 자리를 탐색하면서, 다른 이름이나 숨겨진 이야기를 통해 자신의 혁명적인 희망을 써냈다.

여성들은 오랫동안 이름이 없었다. 이들은 인격을 갖춘 존재가 아니었다. 아버지라는 남성의 손으로 남편이라는 다른 남성에게 전달되는 여성들은 이름과 이름을 교환하는 유통 경로가 되어왔다. 이런 이유로 페르세포네와 데메테르의 이야기[7]는 결혼하는 모든 여성들의 이야기다. 이것이 바로 낸시 밀러가 『여주인공의 텍스트』*The Heroine's Text*에서 지적한 대로 죽음과 결혼이 소설 속 여성에게 유일하게 가능한 두 가지 결말이었고, 대개는 이 결말들이 결국 똑같은 운명이었던 이유다. 하나의 실체로서 존재하기를 그만둔, 주체로서는 죽은 것이기 때문이다. 결혼은 곧 죽음인 셈이다. 다른 이야기를 쓰기 시작한 여성들이 대개 다른 이름을 걸고 썼던 이유가 바로 이것이다. 지극히 대담한 것을 창조하는 여성 작가들은 그로 인한 무시무시한 대가를 본명으로 직접 감당하는 위험까지 무릅쓸 수는 없었다.

유명한 여성들과 여성의 운명에 관해 이렇듯 웅장한 이야기를 해놓고, 이제 25년 전 내가 별 생각 없이 채택한 내 이름 두 개에 관한 이야기로 돌아가보겠다. 캐럴린과 어맨다 둘 다에게 변화가 생겼다. 여성운동이었다. 캐럴린은 자신의 개성을 더 드러내는 방식으로, 과거의 본인에 비해 더 용감하게 글을 쓰기 시작했다. 여성들은 다른 여성들에게 남성들이 늘 해왔듯 높은 곳에 서서 상대를 내려다보듯 말하는 방식으로 말할 수 없다는 것을 깨달았기 때문이다. 그녀는 자신에 대해 썼고, 자신만의 이야기를 했으며 노출의 위험을 마다하지 않았다. 자신의 이야기를 공개하는 것은 여성에겐 여전히 불확실하고 위험한 일이었지만 예전만큼은 아니었다. 자기 이야기를 공개하는 여성들이 늘고 있었기 때문이다.

더불어, 캐럴린뿐 아니라 어맨다 역시 더 대놓고 용감해졌다. 그녀는 페미니즘 쟁점에 관해 썼고 자신이 창조한 여주인공이 독자들의 잦은 문제 제기를 무릅쓰고 계속 담배를 피우고 술을 마시도록 두었다. 나는 과음이 무서운 고통이라고 생각했고 담배를 피우지도 않지만, 케이트 팬슬러는 자신의 더 급진적인 생각과 행동을 숨기는 위장 전술로 마티니와 담배를 고수했다. 웬일인지 그녀를 바꾸기 싫었고, 품행을 바로 해야 한다고 말하기 꺼려졌다. 물론 내 바람은 젊은 여성들이 그녀를 따라 하는 것이었다. 흡연과 음주를 하고 결혼이나 자녀를 거부하는 행동을 모방했으면 한 것이 아니라, 자신의 안정을 활용해 다른 여성들을 위해 용기를 내고 여성을 위해 새로운 이야기를 발견하는 대담함을 본받았으면 했다. 희한하게도 케이트는 더 이상 판타지 속 인물이 아니라 절망과 씨름하며 늙어가는 여성, 그리고 바라건대 어느 정도 재치와 유머로 우리 사회의 오래된 가부장제를 끝없이 분석해가며 순전히 뻔뻔함으로 이 모든 걸 견딜 이유를 찾아내는 여성이다.

케이트 팬슬러는 보통사람들보다 늙는 속도가 느렸지만 그래도 가차 없이 나이가 들어갔다. 그리고 내 인생에서 의미심장한 존재가 된 것은 내 가면 인격인 "어맨다 크로스"가 아니라 케이트다. 얼마간 그녀에 대한 글쓰기를 쉴 때면 그녀는 존재감을 드러내고야 만다. 때로는 전기 작가들도 소설가들처럼 자신이 다루는 인물이 생생한 실체처럼 느껴진다고 했다. 심농Simenon이 매그레Maigret를 수개월 방치하자, 매그레가 모퉁이에서 기다리다가 창조주인 자신에게 조용히 다가와 자신을 살려내거나 최소한 관심이라도 가져달라고 요구했다는 내용을 언젠가 읽었던 기억이 난다. 케이트도 그랬다. 최근, 다른 종류의 책을 완성할 때까지는 새 추리소설을 시작하지 않겠다고 결심했는데 케이트는 나를 내버려두지 않았다. 그래서 생전 처음으로 케이트에 대한 단편소설을 몇 편 썼다. 조카인 레이턴 팬슬러Leighton Fansler를 왓슨Watson 같은 화자로 내세운 소설이다. 전에는 더는 추리소설을 쓰지 않겠다고 생각한 적이 많았지만, 지금은 케이트가 쿡쿡 찔러대는 한 어쩔 수 없이 계속 써야 하리라고 직감한다.

케이트 팬슬러는 내게 많은 것을 가르쳐주었다. 첫째, 결혼 문제다. 나는 케이트가 결혼해야 할 이유를 찾지 못했다. 출산이 꼭 필요한 요소도 아니었기 때문이다. 그러나 케이트는 결혼을 고집했고, 관계란 나름의 탄력이 있고 변화와 발전을 해나간다는 것, 그리고 가장 큰 헌신의 지점을 향해 움직이는 경향이 있다는 것을 가르쳐주었다. 난 아직도 그게 온전히 이해되지는 않는다.

하지만 일단 받아들였고, 내가 당연시했던 결혼의 헌신에도 나름의 고유한 힘이 있다는 것을 알게 되었다. 하지만 케이트가 제일 많은 가르침을 준 면은 뭐니 뭐니 해도 나이 듦에 관해서다. 그녀는 여전히 매력적이나 아름답진 않으며 외모에 관심도 없다. 옷이란 공적 영역에서 해야 할 역할 때문에 입어야 하는 무대 의상 같다는 게 케이트의 생각이다. 그녀의 아름다움은 내가 괜히 부여했다고 후회가 막심했던 유일한 속성이었고, 나이 탓에 퇴색되긴 했지만 그래도 창조자인 나와 달리 그녀는 영원히 날씬하다는 점에서 판타지 속 인물이다. 그러나 가장 중요한 점은 그녀가 나이 들수록 더욱 용감해졌다는 것, 자신이 소중히 여기지 않는 사람들의 의견에 신경을 덜 쓰게 되었다는 것, 그리고 잃을 것도, 감수할 위험도 거의 없다는 것, 무엇보다 나이는 자식이 있는 사람들에게나 없는 사람들에게나 "자식들이" 나를 위해 해줄 게 거의 없는 시간, 그래서 두려워하거나 숨길 이유도, 용감하고 중요한 일을 시도하지 않을 이유도 없는 때라는 진실을 깨닫게 되었다는 것이다. 리어왕은 말했다. "내가 그것을 할 것이다. 그게 무엇인지 아직은 모르지만 그건 세상을 경악시킬 것이다."[8] 리어왕은 노년의 무능한 격노에 휩싸여 이 말을 했지만, 케이트 팬슬러는 노년의 용기와 힘으로 이 말을 해야 한다고 내게 가르쳤다.

7.

인기 없는
진취적인 늙은 여성

> 진취적인 젊은 여성은 세월과 역경에 길들지만, 진취적인 늙은
> 여성은 세상의 어떤 힘에도 길들지 않는다.
>
> ⋯ 도러시 세이어즈

중년에 새로운 가능성에 눈떴거나, 현 여성운동의 와중에 태어나 종래의 여성이 으레 겪는 생애주기를 피한 여성들에게 인생의 후반기 3분의 1은 새로운 태도와 용기가 필요한 시기일 수 있다. 버지니아 울프는 쉰 살에 새롭고 놀라운 용기를 발견한 여성의 실례다. 나는 이것이 여성 특유의 성취라고 생각한다. 50세가 된 버지니아 울프는 소설 『세월』*The Years*과 에세이 『3기니』*Three Guineas*를 쓰기 시작했다. 두 작품 다 오늘날까지 거의 모든 남성 비평가들의 감수성에 과감히 맞서는 작품이다. 쉰 살에 이르러 스스로에게 페미니즘 표현을 허용하는 경험은 같은 연령대의 남성, 최소한 서양 백인 남성에게는 없다. 남성의 경우에는 부모를 위해 존중하는 척해온 체제에 저항을 한다 해도 훨씬 더 젊은 나이에 시작한다. 남성들이 영위하는 인생 패턴이 시사하는 바에 따르면 쉰 살에 이른 남성은 숨겨왔던 이상이나 혁명적 희망보다는 자기중심주의를 드러낼 확률이 더 높다. 내가 이 점을

언급하는 목적은 울프의 전기 작가들, 편집자들, 그리고 보아하니 남편 레너드 울프조차 거의 이해하지 못한 것, 다시 말해 나이 쉰에 그녀에게 일어난 일의 본질을 강조하기 위함이다.

울프가 여성들의 사회적 억압을 표현하기로 작정했을 때 두려워진 장애물은 두 가지였다. 하나는 여성에게 강제된 운명에 대한 분노를 표출하는 여성들에게 가부장제가 비축해둔 조롱과 고통과 불안이었다. 레너드조차 이걸 이해하지 못했다는 점을 언급하는 것은 그를 비난하려는 게 아니라 남성들에게 너무도 유리하게 굴러가는 체제의 대단한 영향력을 비판하려는 것이다. 페미니즘이 발흥하고 20여 년이 지난 오늘날에도 젊은 여성들은 가부장제를 향한 분노를 드러내놓고 표출하기를 주저한다. 아마 가부장제 게임에 참여했지만 그럼에도 불구하고 불리한 조건에서 자아 정체성을 쟁취한 여성들만이 페미니즘의 솔직한 표현에 불가피하게 수반되는 고통에 직면할 용기를 낼 것이다. 다른 맥락에서는 언어를 조탁했을 작가들과 비평가들이 그때나(지금이나) 페미니스트적 태도에 대해서는 그토록 장황한 욕을 자유롭게 해도 된다고 느꼈다는 점은 주목할 만하다. 울프는 자신이 두려워해야 하는 것이 무엇인지 알고 있었지만 50세가 되자 두려움을 견딜 용기가 생겼다고 판단했다.

두 번째 장애물은 울프의 내면에 있었는데, 다름 아닌 문학에서 예술과 선동을 분리하는 것이 중요하다는 생각이었다(그녀는 이런 생각을 가장 강경한 언어로 피력하기를 조금도 주저하지 않았다). 그녀는 예술과 논증은 서로 대립 관계에 있다고 보았고 문학이 "사실"을 제시하는 것은 예술성을 해치는 짓이라고 여겼다. 종교 교리를 방불케 할 만큼 강경하게 "선동"을 반대했던 울프의 예술관은 그런 만큼 가장 극복하기 어려운 장애물이었다.

감각에 깊이 각인된 원칙들은 온전한 정신이라는 구조를
지탱하는 기반암과 같다. 역시나, 울프가 시대의 흐름에 역행해
글을 쓰고 있다는 레너드의 논평에서 그 역행하는 지점이란 이
두 번째 장애물을 두고 한 말이었다. 울프의 전기 작가인 퀜틴
벨은 『세월』을 "한 걸음의 퇴보, 아니면 적어도 다른 방향으로
나아간 한 걸음"이라고 평했다.[1] 그 다른 방향이 "잘못된 방향이기
십상"이라는 평가였다. 벨을 비롯해 여러 비평가들이 보기에
분노는 퇴행이었다.

『3기니』의 어조는 분노다. 울프는 다른 모든 여성들처럼
자기 내면의 분노에 대한 깊은 두려움과 싸워야 했다. (나는
오랜 세월 동안 『3기니』를 불편해했고, 예의 바른 매력을 갖춘
여성적 행동의 경계를 절대로 넘어서지 않은 『자기만의 방』이
지닌 '교양 있는' 어조를 좋아했다. 부끄러움을 무릅쓰고 하는
고백이다.) 그러나 주목해야 할 중요한 점은 울프가 『세월』을 쓸
때는 오랫동안 필사적으로 고군분투했던 반면, 『3기니』에서는
받아들여지지 않는 것을 말하는 능력을 발휘하면서 스스로
대단히 특별한 해방감을 누렸다는 것이다. 평론에 대단히 신경을
많이 썼던 그녀였지만, 『3기니』를 쓴 후에는 문학비평가 퀴니
리비스Queenie Leavis의 맹렬한 혹평을 끝까지 읽는 수고조차 하지
않았다. 처음부터 끝까지 『3기니』는 한바탕 신나는 작업, 해방적
프로젝트였고, 아마도 50세를 넘겼기에 가능했던 프로젝트였을
것이다. 울프는 평생 이런 분노에 맞서 분노를 경계하며 글을 썼고,
분노를 삭이지 못하는 게 샬럿 브론테의 결함이라며 혹평하기도
했다. 쉰이 되어서야 이런 관념에 맞장 뜰 용기를 발견한 것은
의기양양해질 만한 귀한 승리다.

나이가 들어서야, 확실히 쉰 살은 넘겨야 여성들은 사회가

기대하는 여자다움을 체현하는 짓을 멈추고 "여성다움"이라는, 가장 소중히 여겼던 원칙을 뒤엎을 기회를 포착할 수 있는 모양이다. 다시 한번 강조하지만 여성은 남성과 다르다. 남성들도 새로운 용기를 발견할 필요가 있을 수 있지만, 자신의 삶을 근원부터 바꿀 필요도 없고 완전히 새로운 일에 매진해야 할 필요도 없다. 그저 원래 추구하던 야심을 더 강력하게 추구하기만 하면 된다. 헨리 제임스는 자신과 남들이 노년이라 부를 수 있는 나이에 가까워지자 노트에 이렇게 적었다.

이 모든 성찰의 결론은 그저 나 자신을 놓아버리기만 하면 된다는 것이다! 나는 평생 자신에게 그렇게 말해왔다. 열정이 끓어오르던 그 옛날 젊은 시절에도 똑같이 말했다. 그러나 온전히 자신을 놓아본 적은 한 번도 없다. 나를 놓아버린다는 느낌—그래야 할 필요가 있다는 느낌—은 때때로 압도적인 힘으로 다가와 나를 덮친다. 그것이야말로 내 구원의 공식, 내게 남은 미래의 전부인 것 같다. 나는 축적된 자원을 온전히 소유하고 있다. 자원을 활용하고 주장하고 지속하고 그동안 내가 해온 것보다 더 많은 것—훨씬 더 많은 것—을 하기만 하면 된다. 그것을 하는 방법—인생의 끝자락에서 자아를 확증하는 방법—은 가능한 한 다양한 방식으로 깊게, 온전하게, 신속하게 표현하는 것이다. 인생 전체는—내 나이쯤 되면 그 모든 예술혼을 기록으로 꽉 채운 채—이른바 주머니에 있다. 모든 인생은 이른바 주머니에 담겨 있다. 지치지 말고 나아가라. 세게 부딪쳐라. 풍요롭고 긴 성 마르탱의 여름[2]을 누려라. 모든 것을 시도해보고 무엇이건 해보고 온갖 것을 표현하라. 예술가가 돼라, 마지막까지 탁월하라.[3]

제임스의 청년 시절 친구였던 헨리 애덤스와 올리버 웬들
홈스Oliver Wendell Holmes 2세는 제임스처럼 늦게 꽃을 피웠다.
애덤스는 65세나 되어서야 에세이 『몽 생 미셸과 샤르트르』Mont-
Saint-Michel and Chartres를 썼고 자서전 『헨리 애덤스의 교육』은
70세가 되어서야 썼다. 홈스는 61세에 대법관에 임명되었다.
남성들은 일반적인 활동 기간이 지나도 인생에서 성취를 할 수
있었고 여전히 그래 보인다. 새뮤얼 버틀러가 전하는 바에 따르면,
18세기 프랑스 작가이자 왕립과학아카데미 사무총장이었던
퐁트넬Fontenelle은 90세 때 인생에서 가장 행복한 시기가
언제였느냐는 질문을 받자마자 질문을 받는 당시보다 딱히
더 행복했던 적이 있었는진 모르겠지만, 아마 최고의 시절은
55세에서 75세 사이였던 것 같다고 대답했다.

여성들에게서는 이와 비슷한 사례를 전혀 찾아볼 수 없을까?
메이 사튼은 75세가 되어서야 과거 어느 때보다 더 큰 명성을
얻었다. 도리스 그룸바크Doris Grumbach는 아주 늦게 소설가가
되었다. 스티비 스미스Stevie Smith는 이렇게 썼다. "나는 늙고 나서야
꽤 유명해지고 있어요. 일이 돌아가는 꼴이 재미있지 않아요?"[4]
이미 살펴봤듯 콜레트는 50세가 되어서야 제대로 자리를 잡았다.
독일 화가인 케테 콜비츠Käthe Kollwitz는 나이가 들어 가족 관계가
느슨해진 걸 알게 되었다고 일기에 썼다. "인생의 마지막 3분의 1
동안에 남는 것은 일뿐이다. 일만이 늘 자극을 주고 젊음과 활기와
만족감을 준다."[5]

최근의 소설들은 여성이 노년에 경험하는 자유를 과감하게
묘사하기 시작했다. 토니 모리슨은 『솔로몬의 노래』The Song of
Solomon에서 파일럿Pilate[6]에 대해 다음과 같이 쓴다.

파일럿은 세상에서 자신이 처한 상황, 그리고 그 상황이 앞으로도
변하지 않으리라는 것을 깨닫자, 그동안 습득했던 통념들을
모조리 버리고 완전히 처음부터 시작했다. 머리칼부터 잘랐다.
머리칼은 그녀가 더 이상 생각하고 싶지 않은 것이었다. 그런
다음 살고 싶은 방법과 자신에게 가치 있는 것을 결정하는
문제와 씨름했다. 나는 언제 행복하고 언제 슬프며 그 차이는
무엇인가? 계속 살아남기 위해 내가 알아야 할 것은 무엇인가?
그녀의 정신은 굽이진 거리들과, 정처 없이 좁은 길들을 헤매다
때로는 심오한 깨달음에 이르기도 하고 때로는 세 살짜리 꼬마의
통찰에 다다르기도 했다. 이 흔하지만 참신한 지식 추구의 여정을
좇으면서 한 가지 확신이 그녀의 노력에 왕관을 씌워주었다.
죽음은 전혀 두려운 존재가 아니었으므로 (그녀는 죽은 자들과
종종 이야기를 나누었다) 그녀는 자신이 두려워할 게 전혀 없다는
것을 알고 있었다.[7]

그러나 토니 모리슨이 그려낸 이 귀한 초상에 비하면, 앤 타일러
Anne Tyler의 소설에 등장하는 여성의 예는 흔하디흔하다.
다른 세계로 새 출발을 시작하는 대신 자신들과 더 이상 맞지
않게 되어버린 삶의 조건을 내버리지 못하고 거기 연연하는
캐릭터들이다. 타일러의 『태엽 감는 여자』 The Clock Winder에 나오는
나이 든 여성이 그렇다.

그녀는 한때 아주 어여뻤다. 여전히 예뻤지만 자식들을 키우고
난 후라 그 예쁨에는 어떤 결연함 같은 것이 깃들어 있었다. 이젠
나이가 들어 외모를 유지하려면 작심하고 노력을 기울여야 했기
때문이다. 편한 신발을 신고 모자의 턱 끈 따위 잊고 자유롭게

하루하루를 보내고픈 욕망과 싸워야 했다. … 얼굴은 얄팍한 피부로 겨우 이어 붙인 늘어진 주머니 같아서, 아들들이 조립하던 모형 비행기의 프레임을 덮은 얇은 종이를 연상시켰다. 간격이 좁은 파란 두 눈에는 미세하게 금이 가 있었다. 입술은 굳게 닫혀 있어 어렸을 적 부루퉁한 표정이 영원히 남아 있었다. 그녀에게 남은 것은 색깔뿐이었다. 분홍색, 흰색 그리고 금발, 대부분 인위적으로 꾸민 것이었다. 매주 미용실에 가서 머리를 매만졌는데 두피가 얼굴에서 떨어질 듯 조여 오는 느낌이었다. 그녀는 언제나, 아침식사 때조차 옷을 차려입었다. 바지라곤 없었다. 뼈가 앙상한 가느다란 다리는 늘 얇은 스타킹으로 감싸어 있었고 옷장에는 발바닥에 통증을 일으키는 뾰족한 굽의 구두가 그득했다.

반면, "여성은" 이삭 디네센Isak Dinesen[8]이 창조한 어느 등장인물의 말대로 "여성의 역할을 끝낼 만큼 나이가 들어 자신의 힘을 풀어놓을 수 있을 때 세상에서 가장 강력한 존재가 된다."
  그럼에도 노년과 힘이 자신에게 양립 가능한 개념이라고 생각하는 여성들은 극소수다. 도러시 리처드슨Dorothy Richardson의 주장대로 노화의 충격은 "문턱의 충격이다. 뒤에서 기회의 문이 닫히면 우리는 슬픔에 젖어 그 문이 닫히는 것을 쳐다보며, 젊은 시절에서 확 끌려나와 내동댕이쳐질 때까지는 앞에 새로운 문이 열려 있다는 것을 깨닫지 못한다." 대부분의 여성들이 다른 문을 전혀 알아차리지 못하는 이유는 그런 문이 존재한다는 것을 믿지 못하기 때문이다. 심지어 여성의 노년에 대한 질문을 던지는 여성조차 거의 없다. 리치는 다르다. 질문을 던진다. "친애하는 에이드리언 / 오늘 밤 당신에게 전화를 걸어 / 마치 유령에게

전화를 걸듯이 마치 친구에게 전화를 걸듯이 / 당신이 뭘 할
작정인지 물으려고 / 남은 인생을 갖고 말이야." 리치가 이런
질문을 던질 수 있는 이유는 "우리가 어떤 선택을 하건 모두가
우리를 사랑해주진 않으리라는 것을" 알기 때문이다.[9]

결국, 여성들의 삶이 변한다면 그 삶의 두드러진 특징은
웃음이리라 확신한다. 웃음은 새로운 종류의 삶을 열어주는
한결같은 열쇠다. 영화, 소설, 연극, 이야기에서 여성들이 공유하는
웃음은 통찰과 사랑과 자유를 드러내는 징표이자 마음에서
우러난, 이들에 대한 인정이다. 최근 우리는 제인 오스틴이 쓴
소설들의 결말이 다소 의례적이고 형식적이라는 점에 주목하기
시작했다. 작가는 어쨌거나 소설의 결말을 지어야 했고 당시
사회가 수용할 수 있는 방식으로만 여주인공의 운명을 결정해야
했다. 소설 결말부에 웃음은 없다. 잘해봐야 만족감 정도, 최악의
경우 애매모호한 불안이 감돈다. 오스틴의 가장 낭만적인 소설
『오만과 편견』Pride and Prejudice에서 여주인공 엘리자베스는
남자주인공 다시Darcy에 대해 너무 진지하기 때문에 아직
웃음거리가 된 적도 없고 함께 웃을 준비도 되어 있지 않으며
웃음을 나눌 여인도 없다고 말한다. 오스틴은 언니와 조카들과
많은 웃음을 나누었을 텐데, 정작 작가 본인의 모험이나 소설 속
여주인공의 모험에서는 웃음이 가장 중요한 부분이 되지 못했다.
여성들은 자유로울 때만, 독립성과 여성 연대를 인식할 때만 함께
웃는다.

웃음이 찾아들면 환상과 몽상은 끝난다. 프로이트의 환자이자
안나 O양으로 알려진 베르타 파펜하임Bertha Pappenheim은 다이앤
헌터Dianne Hunter가 체계적 몽상이라 부른 상태에 빠져 있었다.

파펜하임은 그것을 자신의 "사적인 연극"이라 불렀다. 헌터의
말대로 "조용히 자수나 놓게 된 사람들은 공상을 수놓을 수밖에
없다."[10] 파펜하임의 몽상이 발언으로 바뀌면서 치료가 이루어지기
시작했다. 플로렌스 나이팅게일과 비어트리스 웹처럼 의미 있는
삶을 찾은 여성들은 몽상을 과거의 무의미한 삶의 징후이자
당시의 그들에게 유일한 위안으로 규정했다. 중년이나 노년에
새로운 도전을 수용한다는 것은 몽상이 끝난다는 뜻이며 케테
콜비츠를 비롯해 다른 여성들의 경우처럼 일이 몽상을 대체한다는
특징을 지닌다. 몽상이 끝난다는 것은 깔끔한 마무리나 종결도
끝난다는 뜻이다.

우리 여성들은 종결에 대한 생각을 너무 많이 하며 살아왔다.
"그가 나를 알아봐주기만 하면, 내가 그와 결혼만 하면, 대학만
들어가면, 이 작품이 받아들여지기만 하면, 그 직장을 얻기만 하면"
뭔가 마무리될 것 같다는 환상 말이다. 뭔가가 끝날 가능성, 해결될
가능성, 행복을 향해 난 길이 싹 놓일 가능성이 늘 어렴풋이 보이는
것만 같다. 그러나 이는 수동적 삶의 착각에 불과하다. 종결에 대한
희망을 포기할 때 환상이 끝나고 비로소 여성들을 위한 모험이
시작될 것이다. 끝맺음—오스틴이 자기 소설에 덧붙였던 그런
끝맺음—은 연애소설이나 공상에나 어울릴 만하지 현실의 삶에는
어울리지 않는다. 오랫동안 공들인 원고를 제출하고 나면 또 다른
투쟁이 시작된다는 것을 알게 되는 것이 현실이다. 직장을 얻고
나면 전에는 상상 못 했던 새로운 걱정거리가 생긴다. 명망을
얻으면 그로 인한 엄청난 대가를 치러야 함을 알게 된다. 어찌된
일인지 남성들은 알고 있었던 듯한데 여성들은 거의, 잘 알지
못했다. 그러나 나이가 들면서 앎이 찾아든다. 때로는 버지니아
울프나 앤 섹스턴처럼, 또는 우리가 아는 다른 이들처럼, 나이가

들어 얻어지는 이런 앎이 절망의 구렁텅이로 이어질 수도 있다. 삶이 무가치하다는 인식으로, 혹은 필요한 최소한의 용기도 욕망도 자신에게 없다는 인식으로 이어질 수도 있다. 그러나 대부분, 특히 다른 여성들의 지지와 함께 한다면, 나이 듦은 남성들이 늘 알고 있었지만 여성들은 결코 알지 못했던 그 모든 자유—타인의 욕구를 충족시키지 않아도 되는 자유부터 다른 여성을 흉내 내는 여성이 되는 신세에서 벗어날 자유까지—를 예고한다.

과거에 나는 어맨다 크로스라는 이름으로 쓴 추리소설 한 편의 제목을 『종신직을 누리며 죽다』*Death in a Tenured Position*로 지었는데, 지금 떠오르는 생각은, 나이가 들면서 (물론 학계의 종신직뿐 아니라 더 넓게는 금전적 안정이 수반되는 일부 보장된 자리와 삶의 패턴이라는) 특권을 지닌 우리 같은 사람들 중 많은 이들이 지금 있는 자리에 안주하다, 매일의 일상을 반복하며 동맥경화가 진행되는 소리를 듣는 쪽을 선택할 위험에 처해 있다는 것이다. 나는 죽음이 우리가 종신직에 편안히 앉아 있을 때 찾아오도록 허용해서는 안 된다고 생각한다. 버지니아 울프는 『댈러웨이 부인』*Mrs. Dalloway*에서 이런 상태를 다음과 같이 묘사했다. "시간이 돛대 위에서 펄럭인다. 우리는 거기 멈춰 거기 서 있다. 굳어진 채, 습관의 뼈대만이 인간의 틀을 지탱한다. 그곳엔 아무것도 없다."[11] 오히려 안정된 지위와 연륜을 활용해 위험을 감수하고 목소리를 높이며 용기를 내 인기가 없는 걸 상관하지 않는 존재가 되어야 한다.

전기 작가들은 종종 여성 주인공의 말년에서 두드러진 승리의 요소를 찾기 어려워하는데, 특히 그녀가 우리가 여성에게 부여한 기존 서사의 범주를 넘어선 경우에 그렇다. 현관에서 흔들의자에

앉아 있지 않거나, 요리사나 가정부, 아이 보는 사람의 역할을
자처하지 않거나, 이성애적 서사의 다음 장을 기다리지 않는
노년의 여성을 만나려면, 그녀가 쓴 가면들, 여성이라 불릴 권리를
방해하는 듯 보이는 온갖 가면들을 꿰뚫어 보아야 한다. 이때
보이는 노년의 여성, 이 여성이야말로 생애 처음 진정한 자기
자신이 된 여성일 것이다.

주

서론

1. Eudora welty, "A Note on Jane Austen." *Shenandoah* 20, no. 3(1969): 4-5.
2. Eudora Welty, "Interview," *Writers at Work: The Paris Review Interviews* 4th ser., ed., p. 273.
3. Eudora Welty, "Interview," *Writers at Work: The Paris Review Interviews* 4th ser., ed., pp. 414-15.
4. Brenda R. Silver, The Authority of Anger: "Three Guineas" as Case Study, Signs , Winter, 1991, Vol. 16, No. 2 (Winter, 1991), p. 358. 원서 초판이 나온 당시 이 글은 미발행 상태였으나, 1991년 발표된 것을 한국어판 편집 과정에서 발견해 서지정보를 추가했다.
5. Brenda R. Silver, The Authority of Anger: "Three Guineas" as Case Study, Signs , Winter, 1991, Vol. 16, No. 2 (Winter, 1991), p. 359.
6. Brenda R. Silver, "The Authority of Anger: "Three Guineas" as Case Study," *Signs*, Winter, 1991, Vol. 16, No. 2 (Winter, 1991), p. 351.
7. [편집자 주] Nanacy K. MIiller, "Writing Fictions: Women's Autobiography in France," Bella Brodzji and Celeste Schench eds. *LIFE/LINES*, Cornell University Press, 1988, p. 54. 원서에는 해당 문장에 대한 출처가 정확하게 표기되지 않고 연도(1980)와 쪽수(265)만 있었다. 이에 한국어판 편집자가 낸시 밀러의 원서를 여러 권 살펴 이 내용과 관련해 참조할 만한 문헌이라 판단해 주를 추가하였다.

다만, 저자가 인용한 문장은 "not coldly cerebral but impassioned"이나, 편집자가 찾은 낸시 밀러의 글에서는 "The life of the mind is not, however, cooly cerebral. It is vivid and impassioned"이라 적혀 있음을 밝힌다.

8. Deborah Cameron, *Feminism and Linguistic Theory*, London: Macmillan, 1985, pp. 155-56.
9. Myra Jehlen, "Archimedes and the Paradox of Feminist Criticism," *Signs* 6, no. 4 (1984). pp. 581-82.
10. Myra Jehlen, "Archimedes and the Paradox of Feminist Criticism," p. 583.
11. Myra Jehlen, "Archimedes and the Paradox of Feminist Criticism," p. 593.
12. Myra Jehlen, "Archimedes and the Paradox of Feminist Criticism," p. 596.
13. Sandra Gilbert and Susan Gubar, *The Madwoman in the Attic*. New Haven: Yale University Press, 1979, p. 22. [한국어판] 샌드라 길버트, 수전 구바, 『다락방의 미친 여자』, 박오복 옮김, 북하우스, 2002.
14. Sandra Gilbert and Susan Gubar, *The Madwoman in the Attic*, p. 129.
15. [옮긴이 주] 앨프리드 테니슨의 동명의 시에 등장하는, 탑에 고립된 채 거울을 통해서만 세상을 보는 여인.
16. [옮긴이 주] 세이어즈가 쓴 추리소설 시리즈의 주인공인 귀족 탐정.
17. Patricia Spacks, *Imagining a Self*, Cambridge: Harvard University Press, 1976, p. 59.
18. Patricia Spacks, "Selves in Hiding." In *Women's Autobiography*, ed. Estelle C. Jelinek. Bloomington: Indiana University Press, 1980, pp. 113-14.

19 Patricia Spacks, "Selves in Hiding." In *Women's Autobiography*, p. 130.
20 Patricia Spacks, "Selves in Hiding." in *Women's Autobiography*, p. 131.
21 [옮긴이 주] 성 아우구스티누스의 『고백록』처럼 개인의 영적 여정을 자서전 형식으로 쓴 글.
22 Patricia Spacks, "Stages of Self: Notes on Autobiography and the Life Cycle," in *American Autoibiography*, Englewood Cliffs, N.J.: Prentice-Hall, p. 48.
23 Mary G. Mason, "The Other Voice: Autobiographies of Women Writers." in *Autobiography: Essays Theoretical and Critical*, ed. James Olney. Princeton: Princeton University Press, 1980, pp. 207-8, 210.
24 [옮긴이 주] 미국에서 사회 운동 및 정치 개혁에 대한 열망이 널리 확산되었던 1890년대에서 1920년대.
25 [옮긴이 주] 애덤스가 설립한 미국의 사회복지 시설, 이민자 정착을 돕고 사회 개혁 운동을 벌였다.
26 [옮긴이 주] 로버트와 엘리자베스 브라우닝.
27 [옮긴이 주] 헨리 애덤스(1838-1918)는 미국의 역사학자이자 작가이다. 존 퀸시 애덤스의 손자이자 존 애덤스의 증손자로, 미국의 정치 엘리트 가문 출신이다. 그의 자서전 『헨리 애덤스의 교육』*The Education of Henry Adams*은 1907년에 처음 사적으로 출판되었고, 1918년 그의 사망 후 일반에 공개되어 1919년 풀리처상을 수상했다.
28 David Bromwich, "The Uses of Biography." *The Yale Review* 73, no. 2(1984), p. 167.
29 David Bromwich, "The Uses of Biography." p. 162.
30 Phyllis Rose, *Writing on Women: Essays in a Renaissance*, Middletown, CT: Wesleyan University Press, 1985, pp. 76-77.
31 Phyllis Rose, *Writing on Women: Essays in a Renaissance*, p. 77.

1장

1 이 단락의 인용은 Ellen Moers, "Introduction," *George Sand; In Her Own Words*과 George Sand의 *My Life* 참조.
2 Ellen Moers, "Introduction," *George Sand: In Her Own Words*, ed. Joseph Barry, Garden City, NY: Anchor Books, 1979, p. xiv.
3 Ellen Moers, "Introduction," p. xv.
4 [옮긴이 주] 10대인 하디 형제가 미스터리 사건을 척척 풀어나가는 TV 시리즈, 미국에서 1927년 첫 출간 이래로 최고의 인기를 구가하며 시대마다 새롭게 연출되어 출간, 방영되었다.
5 [옮긴이 주] 원주는 *Samson Agonistes*로 표기되어 있는데, 오류로 판단된다. 엘리엇은 『투사 스위니』*Sweeney Agonistes*라는 시극을 위해 이 작품을 연구한 것으로 보인다.
6 Peter Ackroyd, *T. S. Eliot* New York Simon & Schuster, 1984, p. 147.
7 Peter Ackroyd, *T. S. Eliot*, p. 149.
8 Peter Ackroyd, *T. S. Eliot*, p. 97.
9 Mary Jacobus, "The Difference of View," in *Women Writing and Writing About Women*, ed. Mary Jacobus, New York: Barnes and Nobel, 1979, pp. 10-21.
10 [옮긴이 주] 미국의 희극배우.
11 Margaret Homans, "Her Very Own How! The Ambiguities of Representation in

Recent Fiction," *Signs* 9(1983), p. 186.
12 Elaine Marks, "Breaking the Bread: Gestures Toward Other Structures Other Discourses," *Bulletin of the MMLA* 13, no 1(Spring, 1980), p. 55.
13 Deborah Cameron, *Feminism and Linguistic Theory*, London: Macmillan, 1985, p. 105.
14 Deborah Cameron, *Feminism and Linguistic Theory*, pp. 157-58.
15 Nancy K. Miller, *Subject to Change: Reading Feminist Writing*, New York: Columbia University Press, 1988, pp. 43-44.
16 Teresa De Lauretis, *Alice Doesn't: Feminism, Semiotics, Cinema* Bloomington: Indiana University Press, 1984, p. 186.
17 [옮긴이 주] 구혼자들을 물리치기 위한 핑계로.
18 Marta Weigle, *Spiders and Spinsters: Women and Mythology*, Albuquerque: University of New Mexico Press, 1982, p. 204.

2장

1 Nina Auerbach, *Woman and the Demon*, Cambridge: Harvard University Press, 1982, p. 183.
2 [옮긴이 주] 19세기 영국의 철학자, 문학 평론가, 과학자로 활동한 지식인으로 조지 엘리엇의 동반자로 유명하다.
3 [옮긴이 주] 블루 스타킹(Blue Stocking)은 18세기 중반 영국에서 시작된 지적인 여성들의 모임과 그 구성원들을 지칭하는 용어였다. 당시에는 조롱하는 어조가 다분했으나,

20세기 중반 이후 '블루 스타킹'으로 불린 여성들의 선구적인 활동들이 드러나면서 그들을 기리는 용어로 재해석되고 있다.
4 Ralph E. Hone and Dorothy L. Sayers, *A Literary Biography*, Kent Ohio: Kent State University Press, 1979, p. 79.
5 [옮긴이 주] 페르세우스가 바다 괴물에게 먹힐 뻔한 여인 안드로메다를 구한 일.

3장

1 Toni Morrison, *Interview with Claudia Tate: Black Women Writers at Work*, ed. Claudia Tate, New York: Continuum, 1983, p. 122.
2 Toni Morrison, *Interview with Claudia Tate: Black Women Writers at Work*, ed. Claudia Tate, New York: Continuum, 1983, p. 122.
3 Jane Cooper, *Maps and Windows*, New York: Collier Books, 1974, p. 33.
4 Anne Sexton, *A Self-Portrait in Letters*, ed. Linda Gray Sexton and Lois Ames, Boston: Houghton Mifflin, 1977, p. 166.
5 Ursula Owen ed., *Fathers: Reflections by Daughters*, New York: Pantheon Books, 1985, p. 213.
6 Maxine Kumin, *The Retrieval System*, New York: Penguin, 1979, p. 27.
7 Adrienne Rich, *Of Women Born: Motherhood as Experience and Institution*, New York: Norton, 1976, p. 245.
8 Maxine Kumin, *The Retrieval System*, p. 106.
9 Adrienne Rich, *Blood, Bread, and Poetry: Selected Prose 1979-1985*, New York: Norton, 1986, pp. 175, 179, 180.

10 Adrienne Rich, *Blood, Bread, and Poetry: Selected Prose 1979-1985*, p. 123.
11 Adrienne Rich, *Of Women Born: Motherhood as Experience and Institution*, pp. 15-16.
12 Elaine Showalter, "Feminist Criticism in the Wildemess." in *Writing and Sexual Difference*, ed. Elizabeth Abel, Chicago: University of Chicago, 1982, p. 19.
13 [옮긴이 주] 엘리엇의 몰개성 이론Theory of Impersonality은 시인이 개인적 감정을 직접 드러내는 대신 시가 독립된 존재로 기능해야 한다는 주장.
14 Adrienne Rich, *Blood, Bread, and Poetry: Selected Prose 1979-1985*, New York: Norton, 1986, pp. 110, 107.
15 Anne Sexton, Interview," *Writers at Work: The Paris Review Interviews*, 4th ser., ed. George Plimpton, New York: Penguin Books, 1977, pp. 399-400.
16 Diane Middlebrook, "Becoming Anne Sexton," *Denver Quarterly* 18, no 4(Winter 1984), p. 25.
17 Wendy Martin, *An American Triptych: Anne Bradstreet, Emily Dickinson, Adrienne Rich*, Chapel Hill: University of North Carolina Press, 1984, p. 232.
18 [옮긴이 주] 흑인 여성 최초 노벨문학상 수상자 토니 모리슨의 장편소설로, 1920년대부터 1960년대의 오하이오 주 메달리언 보텀에 사는 흑인들의 삶을 술라와 넬이라는 두 여성의 삶과 사랑과 우정을 중심으로 이야기가 펼쳐진다.
19 Toni Morrison, *Interview with Claudia Tate: Black Women Writers at Work*, ed. Claudia Tate, New York: Continuum, 1983, p. 118.

4장

1 Hilary Spurling, "I. Compton-Burnett: Not One of Those Modern People". *Twentieth Century Literature 25*, no. 2(1979), p. 161.
2 Angela Carter, *The Sadeian Woman*. New York: Pantheon, 1978, p. 5.
3 Frances Spalding, *Vanessa Bell*. New York: Ticknor & Fields, 1983, p. xv.
4 Jane Rule, *Lesbian Images*. Garden City, NY: Doubleday, 1975, p. 71.
5 Catharine R. Stimpson, "Gertrice / Altrude: Stein, Toklas, and the Paradox of the Happy Marriage. In *Mothering the Mind: Twelve Studies of Writers and Their Silent Partners*, ed. Ruth Perry and Martine Watson Brownley, New York: Holmes & Meier, 1984, p. 134.
6 Catharine R. Stimpson, "Gertrice / Altrude: Stein, Toklas, and the Paradox of the Happy Marriage." p. 135."
7 David Daiches, *Virginia Woolf*, Norfolk, CT: New Directions, 1942, p. 5-6.
8 Catharine R. Stimpson, "Gertrice / Altrude: Stein, Toklas, and the Paradox of the Happy Marriage." In *Mothering the Mind: Twelve Studies of Writers and Their Silent Partners*, ed. Ruth Perry and Martine Watson Brownley, New York: Holmes & Meier, 1984, p. 131.
9 [옮긴이 주] 19세기 후반과 20세기 전반에 활동한 영국 사회주의 경제학자, 운동가. 부유한 철도사업가의 딸로 태어나 가난한 공무원 시드니 웹과 결혼했다. 페이비언협회와 노동당을 이론적으로 이끌었던 지도자였고, 런던정치경제대학교를 설립했다. 협동조합 운동의 정치·경제 이론 정립에

기여했다.
10. Nancy K. Miller, *Subject to Change: Reading Feminist Writing*, New York: Columbia University Press, 1988, p. 186~187.
11. Nancy K. Miller, *Subject to Change: Reading Feminist Writing*, New York: Columbia University Press, 1988, p. 187.
12. Michele Sarde, *Colette*, trans. Richard Miller, New York: Morrow, 1980, p. 16.
13. Michele Sarde, *Colette*, p. 360.
14. Michele Sarde, *Colette*, p. 351.
15. Anita Finkel, "Dancing Together: The Art of Partnering at New York City Ballet." New York City Ballet Program, 85th New York Season/Nov. 18, 1986-Feb. 22, 1987/New York State Theater. Programs of January 8, 1987, and February 5, 1987, pp. 4-5, 34.
16. Northrup Frye, *The Secular Scripture: A Study of the Structure of Romance*. Cambridge, MA: Harvard University Press, 1976, p. 80.
17. [옮긴이 주] 보통 업다이크의 소설이 평범한 삶의 반복과 지루함, 도덕적 딜레마, 혹은 현대 사회의 공허함을 깊이 묘사하는 데 초점을 맞추기 때문에 등장하는 표현.
18. Robert Graves, *Goodbye to All That*. Garden City, NY: Doubleday Anchor Books, 1957, p. 272.
19. John Bayley, *The Characters of Love*. New York: Basic Books, 1960, p. 229.
20. Leo Tolstoy, "Letters, Diaries, and Newspapers," in *Norton Critical Edition of Anna Karenina*, ed. George Gibian, New York: Norton, 1970, p. 751.
21. J. K. Stern, "The Social and the Moral Problem", In Norton Critical Edition of Tolstoy's *Anna Karenina*, ed. George Gibian, New York: Norton, 1970, p. 863.
22. [옮긴이 주] 이탈리아의 언론인으로 베트남 전쟁의 종군 특파원으로 활약했고 이후 골다 메이어, 야세르 아라파트, 덩샤오핑, 호메이니 등 세계 권력자들 인터뷰로 명성을 얻었다.
23. Oriana Fallaci, "Conversation with Oriana Fallaci" In Jonathan Cott, *Forever Young*. New York: Random House, 1977, p. 12.
24. Nigel Nicolson, ed. "Introduction." *The Letters of Virginia Woolf Volume: 1912-22*, New York: Harcourt Brace Jovanovich, 1976, pp. xiii, xiv.
25. C. S. Lewis, *The Four Loves*, London: Fontana Books, 1960, p. 64.
26. W. H. Auden, Forewards & Afterwards, New York: Vintage Books, 1974, p. 64.
27. Stanley Cavell, *Pursuits of Happiness: The Hollywood Comedy of Remarriage*, Cambridge: Harvard University Press, 1981, p. 82.
28. Stanley Cavell, *Pursuits of Happiness: The Hollywood Comedy of Remarriage*, p. 122.
29. Stanley Cavell, *Pursuits of Happiness: The Hollywood Comedy of Remarriage*, p. 87, 88, 142, 257.
30. Stanley Cavell, *Pursuits of Happiness: The Hollywood Comedy of Remarriage*, p. 127.
31. Stanley Cavell, *Pursuits of Happiness: The Hollywood Comedy of Remarriage*, p. 86.
32. Stanley Cavell, *Pursuits of Happiness: The Hollywood Comedy of Remarriage*, p. 195.

5장

1 Sharon O'Brien, *Willa Cather The*

Emerging Voice, New York: Oxford University Press, 1987, p. 174.
2 Sharon O'Brien, *Willa Cather The Emerging Voice*, p. 97.
3 Sharon O'Brien, *Willa Cather The Emerging Voice*, p. 100.
4 Madeleine B. Stern, "Introduction." *The Selected Letters of Louisa May Alcott*, ed. Joel Myerson and Daniel Shealy, Boston: Little, Brown, 1987, xviii.
5 [옮긴이 주] 소설 『기쁨의 집』*The House of Mirth*의 여주인공으로 독립적인 삶과 상류층에 대한 기대 사이에서 갈등하다 몰락한 인물.
6 [옮긴이 주] 소설 『미들마치』*Middlemarch*의 주인공으로 빅토리아 시대 여성의 지적 야망과 사회적 제약 사이에서 갈등하는 인물.
7 Paula Blanchard, *Margaret Fuller From Transcendentalism to Revolution*, New York: Delacorte Press, 1978, p. 86.
8 Janice G. Raymond, *A Passion for Friends: Toward a Philosophy of Female Affection*. Boston: Beacon Press, 1986, p. 174.
9 Letty Cottin Pogrebin, *Among Friends*, New York: McGraw-Hill, 1987, p. 279.
10 [옮긴이 주] 사울의 아들인 요나단은 신이 왕으로 선택한 다윗을 사울이 제거하려 할 때 다윗을 구했고 다윗은 요나단이 죽은 후에도 그의 가족을 돌보았다.
11 Vera Brittain, *Testament of Friendship*, London: Macmillan, 1940, Rpt. London: Virago, 1980, p. 117.
12 [옮긴이 주] 1942년 미 육군에서 여성의 군복무를 위해 창설한 부대로 행정, 의료, 통신, 물류 등 비전투 임무로 군 전력 강화에 기여했다.

13 [옮긴이 주] 영국의 2대 론다 자작인 마거릿 헤이그 토머스가 창간한 영국의 정치, 문학 주간지(훗날 월간지)로 역시 마거릿 토머스가 시작한 페미니스트 단체 식스 포인트 그룹Six Point Group의 대변지 역할을 했다.
14 Winifred Holtby, *Women and a Changing Civilization*. New York: Longmans, Green, 1935, Rpt. Chicago: Cassandra Edition, Academy Press, 1978, p. 192.
15 [옮긴이 주] 자유분방하다는 뜻.

6장

1 Sandra Gilbert and Susan Gubar. *No Man's Land*, Vol 1. New Haven: Yale University Press, 1987, p. 241.
2 Margot Peters, *Unquiet Soul*, Garden City, NY: Doubleday, 1975, pp. 256, 352.
3 James Schroeter, ed., *Willa Cather and Her Critics*. Ithaca: Cornell University Press, 1967, p. 126.
4 [옮긴이 주] 구약성경의 고래 뱃속에 갇힌 요나. 고래 뱃속은 어머니의 자궁에 대한 비유.
5 [옮긴이 주] 콜레트라는 이름은 필명이고 본명은 시도니-가브리엘 콜레트Sidonie-Gabrielle Colette이다.
6 [옮긴이 주] 울프가 『자기만의 방』에서 만들어낸 가상의 여성 작가 메리 카마이클의 소설 『생의 모험』에 등장하는 두 여성. "클로이는 올리비아를 좋아했다"라는 문장을 통해 오랫동안 딸이자 아내로, 남성과의 관계를 통해서만 묘사되던 여성의 존재를 두 여성의 관계로 드러낸 문학적 사건.
7 [옮긴이 주] 데메테르와 제우스 사이의 딸 페르세포네가 저승의 신 하데스에게

납치되어 끌려간 후 제우스와 하데스의 거래로 데메테르가 1년 중 3분의 2만 딸과 지내게 되었다는 이야기.
8 [옮긴이 주] 『리어왕』 2막 4장 리어왕이 두 딸에게 배신당하고 분노하며 복수를 맹세하는 장면.

7장

1 Quentin Bell, *Virginia Woolf: Volume One: Virginia Stephen Volume Two: Mrs. Woolf*, London: Hogarth Press, 1972, vol. 2, 195.
2 [옮긴이 주] 11월 11일 생 마르탱의 축일 즈음 겨울 중에서 특별히 따뜻한 날씨를 보이는 짧은 기간.
3 Henry James, *The Notebooks of Henry James*, ed. F. O. Matthiessen and Kenneth B. Murdock, New York: Oxford University Press, 1947, p. 106.
4 Stevie Smith, *Me Again: Uncollected Writings of Stevie Smith*, ed. Jack Barbera and William McBrien. London: Virago, 1981, p. 313.
5 Martha Kearns, *Käthe Kollwitz: Woman and Artist*. Old Westbury, NY: Feminist Press, 1976, p. 125.
6 [옮긴이 주] 『솔로몬의 노래』의 주인공 밀크맨Milkman의 고모로 독립적인 여성상과 흑인 정체성의 여정을 인도하는 역할로 등장하는 인물.
7 Toni Morrison, *Song of Solomon*, New York: Alfred A. Knopf, 1977, p. 149.
8 [옮긴이 주] 덴마크의 작가 카렌 블릭센Karen Blixen의 필명. 회고록 『아웃 오브 아프리카』*Out of Africa*로 유명하다.
9 Adrienne Rich, *Your Native Land, Your Life: Poems*, New York: Norton, 1986, P. 88, 48. [한국어판] 에이드리언 리치, 「당신의 조국, 당신의 삶」, 한지희 옮김, 『문턱 너머 저편』, 문학과지성사, 2023, 423쪽.
10 Dianne Hunter "Hysteria, Psychoanalysis, and Feminism: The Case of Anna O." In *The (M)other Tongue: Essays in Feminist Psychoanalytic Interpretation*, ed., Shirley Nelson Garner, Claire Kahane, Madelon Sprengnether. Ithaca: Cornell University Press, 1985, p. 94.
11 Virginia Woolf, *Mrs. Dalloway*, Hogarth Press, 1925, p. 55.

참고문헌

Abel, Elizabeth. "(E)merging Identities: The Dynamics of Female Friend-ship in Contemporary Fiction by Women." *Signs* 6, no. 3(Spring 1983): 413-35.

Ackroyd, Peter. *T. S. Eliot*. New York Simon & Schuster, 1984.

Ascher, Carol. *Simone de Beauvoir: A Life of Freedom*. Boston: Beacon Press, 1981.

_____. Louise De Salvo and Sara Ruddick, eds. *Between Women: Biographers, Novelists, Critics, Teachers and Artists Write About Their Work on Women*. Boston: Beacon Press, 1984.

Auden, W. H. *Forewards & Afterwards*. New York: Vintage Books, 1974.

Auerbach, Nina. *Communities of Women*. Cambridge: Harvard University Press, 1976.

_____. *Woman and the Demon*. Cambridge: Harvard University Press, 1982.

Bayley, John. *The Characters of Love*. New York: Basic Books, 1960.

Bell, Quentin. *Virginia Woolf: Volume One: Virginia Stephen Volume Two: Mrs. Woolf*. London: Hogarth Press, 1972.

Blanchard, Paula. *Margaret Fuller From Transcendentalism to Revolution*. New York: Delacorte Press, 1978.

Brabazon, James. *Dorothy L. Sayers*. New York: Scribner, 1981.

Brittain, Vera. *Testament of Friendship*. London: Macmillan, 1940. Rpt. London: Virago, 1980.

Bromwich, David. "The Uses of Biography." *The Yale Review* 73, no. 2(1984): 161-76.

Brownstein, Rachel M. *Becoming a Heroine: Reading About Women in Novels*. New York: Viking, 1982.

Cameron, Deborah. *Feminism and Linguistic Theory*. London: Macmillan, 1985.

Carter, Angela. *The Sadeian Woman*. New York: Pantheon, 1978.

Cavell, Stanley. *Pursuits of Happiness: The Hollywood Comedy of Remarriage*. Cambridge: Harvard University Press, 1981.

Clifford, James L., *Biography as an Art*. New York: Oxford University Press, 1962.

Conway, Jill. "Convention versus Self-Revelation: Five Types of Autobiography by Women of the Progressive Era." Project on Women and Social Change Smith College, Northampton, MA, June 13, 1983.

Cook, Blanche Wiesen "Women Alone Stir My Imagination: Lesbianism and the Cultural Tradition." *Signs* 4, no. 4(Summer 1979): 718-39.

Cooper, Jane. *Maps and Windows*. New York: Collier Books, 1974.

Crawford, Mary, and Roger Chaffin. "The Reader's Construction of Meaning Cognitive Research on Gender and Comprehension." *Gender and Reading: Essays on Readers, Texts and Contexts*, ed. Elizabeth A. Flynn and Patrocinio P. Schweickart. Baltimore: Johns Hopkins University Press, 1986.

Daiches, David. *Virginia Woolf*. Norfolk, CT: New Directions, 1942.

De Lauretis, Teresa. *Alice Doesn't: Feminism, Semiotics, Cinema*. Bloomington: Indiana University Press, 1984.

Dinesen, Isak. "The Monkey." In Seven

Gothic Tales." New York: Vintage Books, 1972, pp. 109-63.

Eakin, Paul John. *Fictions in Autobiography: Studies in the Art of Self-Invention*. Princeton: Princeton University Press, 1985.

Edwards, Lee R. *Psyche as Hero: Female Heroism and Fictional Form*. Middletown, CT: Wesleyan University Press, 1984.

Erikson, Erik H. *Identity: Youth and Crisis*. New York: Norton, 1968.

Fallaci, Oriana. "Conversation with Oriana Fallaci" In Jonathan Cott, *Forever Young*. New York: Random House, 1977.

Fetterley, Judith. "Reading about Reading: A Jury of her Peers, 'The Murders in the Rue Morgue, and The Yellow Wallpaper." *Gender and Reading: Essays on Readers, Texts, and Contexts*, ed. Elizabeth A. Flynn and Patrocinio P. Schweickart. Baltimore: Johns Hopkins University Press, 1986.

Finkel, Anita. "Dancing Together: The Art of Partnering at New York City Ballet." New York City Ballet Program, 85th New York Season/Nov. 18, 1986-Feb. 22, 1987/New York State Theater. Programs of January 8, 1987, and February 5, 1987.

Frye, Northrup. *The Secular Scripture: A Study of the Structure of Romance*. Cambridge, MA: Harvard University Press, 1976.

Gardiner, Judith Kegan. "Mind Mother: Psychoanalysis and Feminism." In *Making a Difference: Feminist Literary Criticism*, ed. Gayle Greene and Coppelia Kahn. New York: Methuen, 1985, pp. 113-45.

Gilbert, Sandra, and Susan Gubar. *The Madwoman in the Attic*. New Haven: Yale University Press, 1979. [한국어판] 샌드라 길버트, 수전 구바, 『다락방의 미친 여자』, 박오복 옮김, 북하우스, 2002.

_____. *No Man's Land*. Vol 1. New Haven: Yale University Press, 1987.

Graves, Robert. *Goodbye to All That*. Garden City, NY: Doubleday Anchor Books, 1957.

Gunn, Janet Vamer. *Autobiography: Toward a Poetics of Experience*. Philadelphia: University of Pennsylvania Press, 1982.

Holtby, Winifred. *Women and a Changing Civilization*. New York: Longmans, Green, 1935 / Rpt. Chicago: Cassandra Edition, Academy Press, 1978.

Homans, Margaret. "Her Very Own How! The Ambiguities of Representation in Recent Fiction." *Signs* 9(1983): 186-205.

Hone, Ralph E. and Dorothy L. Sayers. *A Literary Biography*, Kent Ohio: Kent State University Press, 1979.

Hull, Gloria T., Patricia Bell Scott, and Barbara Smith, eds. *All the Women Are White, All the Blacks Are Men, But Some of Us Are Brave*. New York: Feminist Press, 1982.

Hunter, Dianne. "Hysteria, Psychoanalysis, and Feminism: The Case of Anna O." In *The (M)other Tongue: Essays in Feminist Psy-choanalytic Interpretation*, ed. Shirley Nelson Garner, Claire Kahane, Madelon Sprengnether. Ithaca: Cornell University Press, 1985.

Irigaray, Luce. "When Our Lips Speak Together," trans. Carolyn Burke. *Signs* 6, no. 1(Autumn 1980): 69-79.

Jacobus, Mary. "The Difference of View."

In *Women Writing and Writing About Women*, ed. Mary Jacobus. New York: Barnes and Nobel, 1979, pp. 10-21.

James, Henry. *The Notebooks of Henry James*, ed. F. O. Matthiessen and Kenneth B. Murdock. New York: Oxford University Press, 1947.

Jehlen, Myra. "rchimedes and the Paradox of Feminist Criticism." *Signs* 6, no. 4 (1984): 575-601.

Johnson, Diane. *The True History of the First Mrs. Meredith and Other Lesser Lives*. New York: Knopf, 1972.

Katutani, Michiko. "A Life in Pictures." *New York Times*. June 28, 1986.

Kaplan, Cora. "Pandora's Box: Subjectivity, Class and Sexuality in Socialist Feminist Criticism" *Making a Difference: Feminist Literary Criticism*, ed. Gayle Greene and Coppelia Kahn. New York: Methuen, 1985. pp. 146-76.

Kearns, Martha. *Käthe Kollwitz: Woman and Artist*. Old Westbury, NY: Feminist Press, 1976.

Kizer, Carolyn. *Mermaids in the Basement*. Port Townsend, WA: Copper Canyon Press, 1984.

Koonz, Claudia. *Mothers in the Fatherland: Women, The Family, and Nazi Politics*. New York: St. Martin's Press, 1987.

Kreyling, Michael. "Words into Criticism: Eudora Welty's Essays and Reviews." In *Eudora Welty: Critical Essays*, ed. Peggy Whitman Prenshaw. Jackson University Press of Mississippi, 1979, pp. 411-22.

Krull, Marianne. *Freud and His Father*. trans. Arnold J. Pomerans. New York: Norton, 1986.

Kumin, Maxine. *The Privilege*. New York: Harper & Row, 1965, pp. 79-82.

____. *To Make a Prairie* Ann Arbor: University of Michigan Press, 1979.

____. *The Retrieval System*. New York: Penguin, 1979.

Levertov, Denise. *Relearning the Alphabet*. New York: New Directions 1970.

Lewis, C. S. *The Four Loves*. London: Fontana Books, 1960.

Lorde, Audre. *The Cancer Journals*. Argyle, NY: Spinsters Ink, 1980.

____. *Chosen Poems: Old and New*. New York: Norton, 1982.

McCabe, James. *A Woman Who Writes*. In *Anne Sexton: The Artist and Her Critics*, ed. J. D. McClatchy. Bloomington: Indiana University Press, 1978, pp. 216-43.

Macdonald, Barbara, and Cynthia Rich. *Look Me in the Eye: Old Women, Aging and Ageism*. San Francisco: Spinsters Ink, 1984.

Marks, Elaine. "Breaking the Bread: Gestures Toward Other Structures Other Discourses." *Bulletin of the MMLA* 13, no 1(Spring, 1980).

Martin, Wendy. *An American Triptych: Anne Bradstreet, Emily Dickinson, Adrienne Rich*. Chapel Hill: University of North Carolina Press, 1984.

Mason, Mary G. "The Other Voice: Autobiographies of Women Writers." In *Auto biography: Essays Theoretical and Critical*, ed. James Olney. Princeton: Princeton University Press, 1980, pp. 207-35.

Meese, Elizabeth. *A Crossing the Double-Cross: The Practice of Feminist Criticism*. Chapel Hill: University of North

Carolina Press, 1986.
Middlebrook, Diane. "Becoming Anne Sexton." *Denver Quarterly* 18, no 4(Winter 1984): pp. 23-34.
Miller, Nancy K. *Subject to Change: Reading Feminist Writing*. New York: Columbia University Press, 1988.
Moers, Ellen. "Introduction." *George Sand: In Her Own Words*, ed. Joseph Barry. Garden City, NY: Anchor Books, 1979, pp. ix-xxii.
Moglen, Helene. *Charlotte Brontë: The Self Conceived*. New York: Norton, 1976.
Morrison, Toni. *Interview with Claudia Tate: Black Women Writers at Work*, ed. Claudia Tate. New York: Continuum, 1983, pp. 117-31.
Nostor, Pauline. *Female Friendships and Communities: Charlotte Brontë, George Eliot, Elizabeth Gaskell*. New York: Oxford University Press, 1985.
Nicolson, Nigel, ed. "Introduction." *The Letters of Virginia Woolf Volume: 1912-22*. New York: Harcourt Brace Jovanovich, 1976, pp. xiii-xxiv.
Nightingale, Florence. *Cassandra*. New York: Feminist Press, 1979.
Nord, Deborah Epstein. *The Apprenticeship of Beatrice Webb*. Amherst: University of Massachusetts Press, 1985.
O'Brien, Sharon. *Willa Cather The Emerging Voice*. New York: Oxford University Press, 1987.
Okely, Judith. *Simone de Beauvoir*. New York: Virago/Pantheon, 1986.
Owen, Ursula, ed. *Fathers: Reflections by Daughters*. New York: Pantheon Books, 1985.
Peters, Margot. *Unquiet Soul*. Garden City, NY: Doubleday, 1975.
Pogrebin, Letty Cottin. *Among Friends*. New York: McGraw-Hill, 1987.
Raymond, Janice G. *A Passion for Friends: Toward a Philosophy of Female Affection*. Boston: Beacon Press, 1986.
Rich, Adrienne. *Of Women Born: Motherhood as Experience and Institution*. New York: Norton, 1976.
_____. *On Lies, Secrets, and Silence*. New York: Norton, 1979.
_____. *The Fact of a Doorframe: Poems Selected and New 1950-1984*. New York: Norton, 1984.
_____. *Blood, Bread, and Poetry: Selected Prose 1979-1985*. New York: Norton, 1986.
_____. *Your Native Land, Your Life: Poems*. New York: Norton, 1986.
Rose, Phyllis. *Writing on Women: Essays in a Renaissance*. Middletown, CT: Wesleyan University Press, 1985.
Rubin, Gayle. "The Traffic in Women: Notes on the Political Economy of Sex." In *Toward and Anthropology of Women*, ed. Rayna R. Reither. New York: Monthly Review Press, 1975, pp. 157-210.
Rule, Jane. *Lesbian Images*. Garden City, NY: Doubleday, 1975.
Sand, George. *My Life*, trans, and adapted by Dan Hofstadter. New York: Harper Colophon, 1979.
Sarde, Michele. *Colette*, trans. Richard Miller. New York: Morrow, 1980.
Sarton, May. *Plant Dreaming Deep*. New York: Norton1968.
_____. *Journal of a Solitude*. New York: Norton, 1973.
Sayers, Dorothy L. "Are Women Human?"

Unpopular Opinions. London: Victor Gallancz, 1946, pp. 106-15.

Schroeter, James, ed. *Willa Cather and Her Critics*. Ithaca: Cornell University Press, 1967.

Sexton, Anne. *A Self-Portrait in Letters*, ed. Linda Gray Sexton and Lois Ames. Boston: Houghton Mifflin, 1977.

_____. "Interview." *Writers at Work: The Paris Review Interviews*, 4th ser., ed. George Plimpton. New York: Penguin Books, 1977, pp. 397-424.

_____. *The Complete Poems*. Boston: Houghton Mifflin, 1981.

Showalter, Elaine. "Feminist Criticism in the Wildemess." In *Writing and Sexual Difference*, ed. Elizabeth Abel. Chicago: University of Chicago, 1982, pp. 9-36.

_____. *The Female Malady: Women, Madness, and English Culture, 1830-1980*. New York: Pantheon Books, 1985.

Silver, Brenda. "Anger, Authority, and Tones of Voice: The Case of *Three Guineas*" (unpublished ms.).

Smith, Stevie. *Me Again: Uncollected Writings of Stevie Smith*, ed. Jack Barbera and William McBrien. London: Virago, 1981.

Spacks, Patricia. *Imagining a Self*. Cambridge: Harvard University Press, 1976.

_____. "Selves in Hiding." In *Women's Autobiography*, ed. Estelle C. Jelinek. Bloomington: Indiana University Press, 1980, pp. 112-32.

Spalding, Frances. *Vanessa Bell*. New York: Ticknor & Fields, 1983.

Spurling, Hilary. "I. Compton-Burnett: Not One of Those Modern People."

Twentieth Century Literature 25, no. 2(1979): 153-64.

Stern, J. K. "The Social and the Moral Problem." In *Norton Critical Edition of Tolstoy's Anna Karenina*, ed. George Gibian. New York: Norton, 1970, pp. 856-65.

Stern, Madeleine B. "Introduction." *The Selected Letters of Louisa May Alcott*, ed. Joel Myerson and Daniel Shealy. Assoc. Ed. Madeleine B. Stern. Boston: Little, Brown, 1987.

Stimpson, Catharine R. "Gertrice / Altrude: Stein, Toklas, and the Paradox of the Happy Marriage." In *Mothering the Mind: Twelve Studies of Writers and Their Silent Partners*, ed. Ruth Perry and Martine Watson Brownley. New York: Holmes & Meier, 1984, pp. 122-39.

Stubbs, Jean. "Cousin Lewis." In *Women and Fiction*, ed. Susan Cahill. New York: New American Library, 1975, pp. 268-87.

Thomson, Patricia. *George Sand and the Victorians*. New York: Columbia University Press, 1976.

Todd, Janet. *Women's Friendship in Literature*. New York: Columbia University Press, 1980.

Tolstoy, Leo. "Letters, Diaries, and Newspapers," in *Norton Critical Edition of Anna Karenina*, ed. George Gibian. New York: Norton, 1970, p. 751.

Walker, Alice. *In Search of Our Mothers' Gardens*. New York: Harcourt Brace Jovanovich, 1983.

Weigle, Marta. *Spiders and Spinsters: Women and Mythology*. Albuquerque:

University of New Mexico Press, 1982.
Welty, Eudora. "A Note on Jane Austen." *Shenandoah* 20, no. 3(1969): 3-7.
_____. "Interview." Writers at Work: The Paris Review Interviews 4th ser., ed. George Plimpton. New York: Penguin Books, 1977, pp. 273-92.
_____. *One Writer's Beginnings.* Cambridge: Harvard University Press, 1984.
Woolf, Virginia. *A Room of One's Own*. New York: Harcourt Brace, 1929.
_____. "George Eliot." In *Women and Writing*, ed. and with an introduction by Michele Barrett. New York: Harcourt Brace Jovanovich, 1979, pp. 150-60.

찾아보기

ㄱ
가쿠타니, 미치코Michiko Kakutani 21
개스켈, 엘리자베스Elizabeth Gaskell 28, 29
고디머, 네이딘Nadine Gordimer 158
골드만, 엠마Emma Goldman 29
골드버그, 비키Vicki Goldberg 21
구바, 수전Susan Gubar 24, 43, 152
국제대학여성연맹International Federation of University Women 144
그랜트, 덩컨Duncan Grant 106
그랜트, 캐리Cary Grant 126, 127
그레이브스, 로버트Robert Graves 118
→『그 모든 것에 작별을』*Goodbye to All That* 118
그룸바크, 도리스Doris Grumbach 177
글래스펠, 수전Susan Glaspell 55
→「여성 배심원단」A Jury of Her Peers 55
길먼, 샬럿 퍼킨스Charlotte Perkins Gilman 32
길버트, 샌드라Sandra Gilbert 24, 43

ㄴ
나이팅게일, 플로렌스Florence Nightingale 30, 163, 164, 181
노턴, 캐럴라인Caroline Norton 20
『뉴욕 타임스 북 리뷰』*New York Times Book Review* 16, 86
『뉴욕 타임스』*New York Times* 21, 104
니컬슨, 나이절Nigel Nicolson 121,

ㄷ
덩컨, 이사도라Isadora Duncan 118
데론다, 대니얼Daniel Deronda 48
데이, 도러시Dorothy Day 29, 30
데이비스, 내털리Natalie Davis 32
데이치스, 데이비드David Daiches 108
도스토옙스키, 표도르Dostoyevski Fyodor 49
듀란트, 지미Jimmy Durante 53
드살보, 루이스Louise DeSalvo 86
디네센, 이삭Isak Dinesen 179
디키, 제임스James Dicky 86
디킨슨, 에밀리Emily Dickinson 89

ㄹ
래시, 토머스Thomas Lash 135
러딕, 새라Sara Ruddick 86
레드그레이브, 버네사Vanessa Redgrave 118
레버토프, 데니스Denise Levertov 159
레싱, 도리스Doris Lessing 55, 161
→「19호실로 가다」To Room19 55
레이먼드, 재니스 G. Janice G. Raymond 133
로드, 오드리Audre Lorde 98, 100
→『암 일기』*The Cancer Journal* 100
로보섬, 실라Sheila Rowbotham 87
레트키, 시어도어Theodore Roethke 85
로웰, 로버트Robert Lowell 85, 91
로즈, 필리스Phyllis Rose 38
루빈, 게일Gale Rubin 110
→「여성의 거래」The Traffic in Women 110
루소, 장 자크Jean Jacques Rousseau 30, 136
루스벨트, 엘리너Eleanor Roosevelt 29
루이스, C. S.Clive Staples Lewis 123, 124
루이스, 조지 헨리George Henry Lewes 64, 154
루카이저, 뮤리얼Muriel Ruykeyser 98
룰, 제인Jane Rule 107
리드, 힐다Hilda Reid 144
→『여성과 변화하는 문명』*Women and a Changing Civilization* 145
리비스, 퀴니Queenie Leavis 175
리처드슨, 도러시Dorothy Richardson 179

리치, 에이드리언Adrienne Rich 84, 88, 90-92, 94-97, 148, 179, 180
→「가능한 것」What Is Possible 97
→『더 이상 어머니는 없다』Of Woman Born 90, 91
→「뿌리에서 갈라지다」Split at the Root 92

ㅁ
마크스, 일레인Elaine Marks 54
만, 에리카Erica Mann 124
매컬레이, 로즈Rose Macaulay 144
매케이브, 제인Jane McCabe 95
매클루어, S. S.Samuel Sidney McClure 155
메이슨, 메리Mary Mason 30
메이르, 골다Golda Meir 29
모리슨, 토니Toni Morrison 82, 100, 177, 178
→『솔로몬의 노래』The Song of Solomon 177
→『술라』Sula 100
뫼르스, 엘렌Ellen Moers 45, 46
미국 추리작가협회Mystery Writers of America 161
미드, 마거릿Margaret Mead 38, 71
미트퍼드, 미스(메리 러셀)(Mary Russell) Mitford 103
미들브룩, 다이앤Diane Middlebrook
밀러, 낸시 K.Nancy K. Miller 11, 15, 21, 24, 57, 112, 166
→『여주인공의 텍스트』The Heroine's Text 166
밀퍼드, 낸시Nancy Milford 16

ㅂ
바르트, 롤랑Roland Barthes 36, 66
바이런Byron 34
바트, 릴리Lily Bart 134
발레리, 폴Paul Valéy 144
배리, 조지프Joseph Barry 40

밸런친, 조지George Balanchine 116
버크화이트, 마거릿Margaret Bourke-White 333
버틀러, 새뮤얼Samuel Butler 60, 164, 177
→『만인의 길』The Way of All Flesh 164
베넷, 닐Neil Bennet 105
베이트, 월터 잭슨Walter Jackson Bate 36
베인, 해리엇Harriet Vane 65, 72-76, 158
베일리, 존John Bayley 119
벤틀리, 필리스Phyllis Bentley 144
벨, 버네사Vanessa Bell 106
→『버지니아 울프』Virginia Woolf 38
벨, 퀜틴Quentin Bell 123
비숍, 엘리자베스Elizabeth Bishop 98
보건, 루이스Louise Bogan 94, 98, 155
보디숀, 바버라 리 스미스Barbara Leigh Smith Bodichon 114, 116
→『기혼 여성과 법률』Married Women and the Law 114
보산케, 시어도라Theodora Bosanquet 144
보언, 캐서린 드링커Catherine Drinker Bowen 28
브라바존, 제임스James Brabazon 63, 65-72, 76, 77, 111
브라우닝 부부Brownings 34
브라운스타인, 레이첼Rachel Brownstein 103
브래드스트리트, 앤Anne Bradstreet 30
브롬위치, 데이비드David Bromwich 36
브론테, 샬럿Charlotte Brontë 28, 52, 60, 153, 154, 157, 164, 175
브룩, 도러시아Dorothea Brooke 134
브룩스, 그웬돌린Gwendolyn Brooks 98
브리튼, 베라Bera Brittain 137-139, 142-145, 147
→『우정의 증언』Testament of Friendship 137, 142
블레이크, 윌리엄William Blake 34
블룸, 데이비드David Bloom 105

199

비숍, 엘리자베스Elizabeth Bishop 98

ㅅ
사르드Sarde 113
→『셰리의 마지막』The Last of Chéri 113
사르트르, 장폴Jean-Paul Sartre 57
사튼, 메이May Sarton 16, 17, 98, 157, 177
→『깊은 꿈을 꾸는 식물』Plant Dreaming Deep 16
→『혼자 산다는 것』Journal of a Solitude 17
사포Sappho 94
상드, 조르주George Sand 40, 45-49, 54, 153, 154, 162
색스턴, 마샤Martha Saxton 111
샌도, 제임스James Sandoe 163
설리번, 애니Annie Sullivan 135
세이어즈, 도러시 L.Dorothy L. Sayers 63, 65-77, 111, 144, 158, 173, 185
→『맹독』Strong Poison 74
→『버스운전사의 신혼여행』Busman's Honeymoon 74
→『진실의 밤』Gaudy Night 67, 72
→「탤보이」Talboy 74
섹스턴, 앤Anne Sexton 84-86, 92-94, 96, 98, 156, 181
→『아둔함의 서』The Book of Folly 98
션, 빈센트Vincent Shean 40
손택, 수전Susan Sontag 91
쇼, 조지 버나드George Bernard Shaw 63, 65, 118
쇼러, 마크Mark Schorer 16
쇼월터, 일레인Elaine Showalter 90
쇼팽, 케이트Kate Chopin 55
→「각성」The Awakening 55
스노, C. P.C. P. Snow 67
스노드그래스, W. D.W. D. Snodgrass 85, 91
스미스, 스티비Stevie Smith 177
스타인, 거트루드Gertrude Stein 38, 106-109

→『레즈비언 이미지』Lesbian Images 107
→『앨리스 B. 토클라스 자서전』The Autobiography of Alice B. Toklas 106
스탠턴, 엘리자베스 케이디Elizabeth Cady Stanton 71
스텁스, 진Jean Stubbs 55
→「사촌 루이스」Cousin Lewis 55
스토파드, 톰Tom Stoppard 34
→『모조품』Travesties 34
스팀슨, 캐서린Catharine Stimpson 108, 109
스팩스, 퍼트리샤Patricia Spacks 29, 30, 33
→「숨은 자아」Selves in Hiding 29
스펄링, 힐러리Hilary Spurling 103
스폴딩, 프랜시스Frances Spalding 106

ㅇ
아널드, 매슈Matthew Arnold 49, 153
아렌트, 한나Hannah Arendt 95, 124
아리스토텔레스Aristotle 136
아우구스티누스Augustine 30
아우어바흐, 니나Nina Auerbach 63
애덤스, 제인Jane Adams 31
애덤스, 헨리Henry Adams 34, 177
→『헨리 애덤스의 교육』The Education of Henry Adams 34, 177
애셔, 캐럴Carol Ascher 86
애크로이드, 피터Peter Ackroyd 49-52
애플먼, 필립Philip Appleman 84
업다이크, 존John Updike 117
에릭슨, 에릭Erik Erikson 64, 65
에임스, 로이스Lois Ames 96
엘리엇, T. S.Thomas Stearns Eliot 19, 49, 50-52, 92,
→『황무지』The Wasteland 52
엘리엇, 조지George Eliot 48, 49, 58, 60, 63-65, 69, 73, 110, 121, 124, 134, 153, 154, 157, 162, 163
엘리엇, 앤Anne Elliot 56

엘먼, 리처드Richard Ellmann 36
엘먼, 메리Mary Ellmann 20
영적 자서전spiritual autobiography 30
예이츠, 윌리엄William Yeats 65
오든, W. H. Wystan Hugh Audend 117, 124
『오디세이아』*Odyssey* 60
오마르 하이얌Omar Khayyám 25
오브라이언, 샤론Sharon O'Brien 133
오스틴, 제인Jane Austen 18, 19, 56, 60, 163, 180, 181
→『설득』*Persuasion* 56
→『오만과 편견』*Pride and Prejudice* 180
오언, 어슐러Ursula Owen 86
→『아버지들: 딸들의 성찰』*Fathers: Reflections by Daughters* 86
오지크, 신시아Cynthia Ozick 52
오츠, 조이스 캐럴Joyce Carol Oates 52
올콧, 루이자 메이Louisa May Alcott 111, 134-136
울프, 레너드Leonard Woolf 108, 109, 121-123, 125, 174, 175
울프, 버지니아Virginia Woolf 17, 20, 38, 39, 48, 51, 52, 56, 58, 70, 77, 89, 95, 104, 106, 108, 109-111, 121, 125, 133, 162, 165, 166, 173-175, 181, 182
→『댈러웨이 부인』*Mrs. Dalloway* 182
→『세월』*The Years* 173, 175
→『자기만의 방』*A Room of One's Own* 48, 175
→『3기니』*Three Guineas* 20, 173, 175
워커, 앨리스Alice Walker 82, 99
워튼, 이디스Edith Wharton 134
웨스트, 리베카Rebecca West 144
웰티, 유도라Eudora Welty 17-20
→『작가의 시작』*One Writer's Beginnings* 17-19
웹, 비어트리스Beatrice Webb 110, 111, 121, 125, 181
윌콕스, 엘라 휠러Ella Wheeler Wilcox 70

윌킨슨, 엘런Ellen Wilkinson 144
윔지 경, 피터Lord Peter Wimsey 26, 65, 72, 73, 75, 76, 77

ㅈ
저커버스, 메리Mary Jacobus 52-56
제임스, 윌리엄William James 65
→『전기는 예술이다』*Biography as an Art* 38
제임스, 헨리Henry James 43, 47, 176
젤렌, 마이라Myra Jehlen 22, 23
조이스, 제임스James Joyce 36
조지, 버나드 쇼Gerge Bernard Show 53, 65, 118
→『결혼』*Getting Married* 118
존슨, 다이앤Diane Johnson 33, 136
→『메러디스의 첫 부인, 그리고 다른 덜 위대한 생애의 진짜 역사』*The True History of the First Mrs. Meredith and Other Lesser Lives* 33
졸라, 에밀Émile Zola 119
주네, 장Jean Genet 57
주르댕, 마거릿Margaret Jourdain 103, 106

ㅊ
체이스, 메리 엘런Mary Ellen Chase 71
초더로우, 낸시Nancy Chodorow 111
카벨, 스탠리Stanley Cavell 125-128
→『행복을 찾아서』*Pursuits of Happiness* 126

ㅋ
카워드, 노엘Noel Coward 160
카이저, 캐럴린Carolyn Kizer 84, 92, 94, 96
「여성 옹호」Pro Femina 94
카터, 앤절라Angela Carter 104
칼라일, 제인Jane Carlyle 110
캐더, 윌라Willa Cather 19, 55, 133, 154, 157, 162

201

→『오 개척자들이여!』*O Pioneers!* 55
캐더, 윌리엄William Cather 133
캐머런, 데버라Deborah Cameron 22, 27, 56, 57
캐번디시, 마거릿Margaret Cavendish 30
케네디, 마거릿Margaret Kennedy 144
켈러, 헬렌Helen Keller 135
켐프, 마저리Margery Kemp 30
콘웨이, 질Jill Conway 31, 32
콜레트Colette 112-114, 162, 177
콜비츠, 케테Käthe Kollwitz 177, 181
콤프턴-버넷, 아이비Ivy Compton-Burnett 103, 106
쿠르노스, 존John Cournos 69
쿠민, 맥신Maxine Kumin 81, 83-85, 87, 88, 92, 94-96, 98
→「결혼의 계보」The Archaeology of Marriage 83
→「9월 22일」September 22 95
쿠퍼, 제인Jane Cooper 83, 84, 92
쿡, 블랑슈 위즌Blanche Wiesen Cook 135
쿤츠, 클로디아Claudia Koonz 140
크레일링, 마이클Michael Kreyling 19
크로스, 어맨다Amanda Cross 151, 152, 160, 162-164, 167, 168, 182
크리스테바, 쥘리아Julia Kristeva 53
크리스티, 애거서Agatha Christie 158, 160
클리퍼드, 제임스James Cliord 28
키츠, 존John Keats 36, 152

ㅌ
타벨, 아이다Ida Tarbell 32
타일러, 앤Anne Tyler 178
→『태엽 감는 여자』*The Clock Winder* 178
『타임 앤드 타이드』*Time and Tide* 144
『타임스』*Times* 52
테이, 조지핀Josephin Tey 148
톨스토이, 레오Leo Tolstoy 119
톰슨, 도러시Dorothy Thompson 40

투르게네프, 이반 세르게예비치Turgenev Ivan Sergeyevich 46, 47

ㅍ
『파리 리뷰』*Paris Review* 19
파펜하임, 베르타Bertha Pappenheim 180, 181
팔라치, 오리아나Oriana Fallaci 120
→『막간』*Between the Act* 121
팬슬러, 레이턴Leighton Fansler 168
팬슬러, 케이트Kate Fansler 159, 162, 164-169
팽크허스트, 에멀린Emmeline Pankhurst 29
퍼트리샤 스팩스Patricia Spacks 29
포그레빈, 레티 코튼Letty Cottin Pogrebin 136
포스터, E. M.Edward Morgan Forster 125
→「하워즈 엔드」Howards End 125
폭스-제노비스, 엘리자베스Elizabeth Fox-Genovese 83
퐁트넬Fontenelle 177
푸비, 메리Mary Poovey 20
풀러, 마거릿Margaret Fuller 134-136
프라이, 노스럽Northrup Frye 117
프로이트, 지그문트Sigmund Freud 35, 43, 111, 141, 154, 158, 160, 166, 180
→「시인과 몽상의 관계」Der Dichter und das Phantasieren 141
→『일상생활의 정신병리학』*Zur Psychopathologie des Altagslebens* 45
플라스, 실비아Sylvia Plath 84, 85, 92, 94-96, 98
플라톤Plato 136
플레밍, 오즈월드 애서턴Oswald Atherton Fleming 70
플로베르, 귀스타브Gustave Flaubert 46, 47
피츠제럴드, F. 스콧F. Scott Fitzgerald 15
피츠제럴드, 에드워드Edward FitzGerald

202 여성 쓰기

24

피터스, 마고Margot Peters 153
→ 『빌렛』*Villette* 153

ㅎ

하다스, 데이비드David Hadas 11
하드윅, 엘리자베스Elizabeth Hardwick 91
하디 보이스Hardy boys 50
하디, 토머스Thomas Hardy 56
→ 『성난 군중으로부터 멀리』*Far From the Madding Crowd* 56
하우, 어빙Irving Howe 95
하일브런, 캐럴린 G.Carolyn G. Heilbrun 163, 164, 166, 200
허스턴, 조라 닐Zora Neale Hurston 99(각주)
헌터, 다이앤Dianne Hunter 180, 181
헐 하우스Hull House 31
헤이트, 고든Gordon Haight 38, 39
→ 『조지 엘리엇』*George Eliot* 38
헵번, 캐서린Katharine Hepburn 126, 128, 161
호먼스, 마거릿Margaret Homans 54, 56
호손, 너새니얼Nathaniel Hawthorne
→ 『주홍글씨』*The Scarlet Letter* 55
혼, 랠프Ralph Hone 71
홀트비, 위니프리드Winifred Holtby 137, 138, 142-148
→ 『사우스 라이딩』*South Riding* 143
→ 『청춘의 증언』*Testament of Youth* 137, 142, 144
→ 『푸른 생강의 땅』*The Land of Green Ginger* 147
홈스, 올리버 웬들Oliver Wendell Holmes 177
화이트, E. B.Elwyn Brooks White 161
휘트먼, 월트Walt Whitman 49

캐럴린 G. 하일브런 Carolyn G. Heilbrun

페미니스트로서 여성운동의 지도자였고, 컬럼비아 대학교 영문학과의 최초 여성 종신 교수로 1960년부터 30년 이상 재직하며 페미니스트 문학 비평을 개척하는 많은 연구서를 냈다. 『여성성의 재발명』Reinventing Womanhood, 『여자들의 삶: 문지방에서 보는 풍경』Women's Lives: The View from the Threshold, 『양성성 인식을 향해』Toward a Recognition of Androgyny, 『햄릿의 어머니와 다른 여성들』Hamle"s Mother and Other Women, 『한 여성의 교육: 글로리아 스타이넘의 생애』The Education of a Woman: The Life of Gloria Steinem 등을 썼고, 통속적이라는 비판을 피하기 위해 필명 '어맨다 크로스' Amanda Cross로 출간한 열두 권의 미스터리 탐정 시리즈는 전 세계에 번역되어 100만 부 이상 팔렸다. 그러나 베스트셀러로 명성을 떨친 직후 어맨다 크로스가 자신임을 밝히고, 이후로 여성의 글쓰기와 여성적 글쓰기, 여성의 삶을 쓰고 여성의 삶이 쓰이는 것에 대한 날카롭고 신랄한 연구에 더욱 매진한다. 이 책은 여성의 자서전과 회고록, 평전을 집중적으로 다루면서 '여성의 서사'가 지금껏 존재하지 않았음을 짚어내며, 그것을 어떻게 발견하고 만들어갈지 수많은 여성 문학가의 작품과 삶, 그들을 다룬 비평을 통해 강력한 비전을 제시한다.

1985년 문학가 낸시 K. 밀러Nancy K. Miller와 함께 컬럼비아 대학교 출판부에 '젠더와 문화 시리즈'를 공동 기획해 출범시키고 편집자로 활동했으며, 다양한 칼럼을 기고해 쉬지 않고 성별 고정관념과 차별에 항의했다. 1992년에 하일브런은 『뉴욕 타임스』를 통해 컬럼비아 대학교를 비롯한 대학들에서 여성에 대한 차별이 빈번하게 일어나고 있음을 고발했다. "내가 여성 문제에 대해 말할 때 우리 과에서 나는 환영받지 못했다. 중요한 회의에 참석하지 못했고, 조롱당했고, 무시당했다"라는 그녀의 고발은 남성 학장과의 격전으로 이어졌고, "아이러니하게도, 교수진 목록에 들어가 있는 내 이름으로 컬럼비아 대학교는 페미니즘 연구를 장려한다는 명성을 얻었다. 사실과는 너무나 다르다"라고 비판하며 교수직을 내려놓았다.

자신의 삶을 통제할 수 있길 원했던 그녀는 『생의 마지막 선물: 60 이후의 삶』The Last Gift of Time: Life Beyond Sixty을 저술하고, 2003년 스스로 생을 마감했다.

오수원 옮김

영문학을 전공했고 동료 작가 및 번역가들과 '빌더'Bilder라는 작업실을 꾸려 활동하며 경제, 과학, 철학, 역사, 문학 등 다양한 분야의 책을 우리말로 옮기고 있다. 『우울: 공적 감정』(공역), 『프랑켄슈타인』, 『빨간머리앤』, 『문장의 맛』, 『데이비드 흄』 등을 번역했다.

여성 쓰기
우리는 텍스트를 통해 우리의 삶을 살아간다

캐럴린 G. 하일브런 지음
오수원 옮김

초판 1쇄 인쇄 2025년 6월 1일
초판 1쇄 발행 2025년 6월 10일

ISBN 979-11-90853-65-1 (03330)

발행처 도서출판 마티
출판등록 2005년 4월 13일
등록번호 제2005-22호
발행인 정희경
편집 서성진, 조은
디자인 오혜진(오와이이)

주소 서울시 마포구 잔다리로 101, 2층 (04003)
전화 02. 333. 3110

이메일 matibook@naver.com
홈페이지 matibooks.com
인스타그램 instagram.com/matibooks
엑스 x.com/matibook
페이스북 facebook.com/matibooks